O CICLO DA AUTOSSABOTAGEM

STANLEY ROSNER
PATRICIA HERMES

O CICLO DA AUTOSSABOTAGEM

POR QUE REPETIMOS ATITUDES QUE DESTROEM NOSSOS RELACIONAMENTOS E NOS FAZEM SOFRER

Tradução
Eduardo Rieche

33ª edição

BestSeller
Rio de Janeiro | 2023

TÍTULO ORIGINAL
The Self-Sabotage Cycle: Why We Repeat Behaviors That Create Hardships and Ruin Relationships

TRADUÇÃO
Eduardo Rieche

DESIGN DE CAPA
Letícia Quintilhano

CIP-BRASIL. CATALOGAÇÃO NA PUBLICAÇÃO
SINDICATO NACIONAL DOS EDITORES DE LIVROS, RJ

R735c Rosner, Stanley, 1928-
O ciclo da autossabotagem : por que repetimos atitudes que destroem nossos relacionamentos e nos fazem sofrer / Stanley Rosner, Patricia Hermes ; tradução Eduardo Rieche. - [33. ed.]. - Rio de Janeiro : BestSeller, 2023.

Tradução de: Tradução de: The self-sabotage cycle : why we repeat behaviors that create hardships and ruin relationships
-US">
ISBN 978-65-5712-267-9

1. Comportamento compulsivo. 2. Relações humanas. I. Hermes, Patricia. II. Rieche, Eduardo. III. Título.

23-83410 CDD: 616.8584
CDU: 616.891.7

Meri Gleice Rodrigues de Souza - Bibliotecária - CRB-7/6439

Texto revisado segundo o novo Acordo Ortográfico da Língua Portuguesa.

Impresso no Brasil

ISBN 978-65-5712-267-9

Para meus pacientes
S.R.

Para Paul Joseph Hermes
P.H.

"No Hades, ele [Sísifo] foi condenado, tendo de rolar, por toda a eternidade, uma pedra até o cume de uma montanha, que rolava novamente sobre ele."

Hamilton, E. (1940, 1942). *Mythology. Timeless tales of gods and heroes. A Mentor Book from New American Library.* Nova York & Scarborough, Ontario.

"Há uma vitória e uma derrota — a maior e a melhor das vitórias, a mais baixa e a pior das derrotas —, que cada homem conquista ou sofre não pelas mãos dos outros, mas pelas próprias mãos."

Platão, *Protágoras*

SUMÁRIO

AGRADECIMENTOS

Os anos de estudo, cursos, supervisão e análise serviram de fundamento para mais de quarenta anos de prática em psicoterapia e psicanálise. Mas este livro não teria sido escrito sem a participação de meus pacientes e do grande esforço deles de reviver pensamentos, memórias e sentimentos, e compartilhá-los espontaneamente. A psicoterapia dinâmica e a psicanálise são, ao mesmo tempo, arte e ciência, e a essência delas está nessa relação. Parte dela consiste na minha habilidade de me sintonizar com meus pacientes, exatamente como nos duetos musicais. Sei que perdi algumas deixas e que, algumas vezes, houve dissonâncias. Do mesmo modo que na composição musical, em que a formação teórica ajuda muito, mas não garante uma boa música, na terapia psicanalítica a formação também é necessária, mas não é suficiente para um tratamento bem-sucedido. Ela envolve, no mínimo, a mesma quantidade de improvisação, intuição, sensibilidade e interpretação. Sei que nem sempre consegui ser plenamente compreendido e que minhas interpretações nem sempre foram perfeitas no papel que desempenhei em vários duetos, e, por isso, tenho alguns arrependimentos. Minha desculpa está no fato de que sempre tentei ficar sintonizado e admitir para mim mesmo e para meus pacientes em que momento falhei. Usando o máximo de minhas habilidades, estive ao lado dos meus pacientes com profunda consideração e disposição para compreendê-los. A eles, expresso minha gratidão.

INTRODUÇÃO

É um fim de tarde de fevereiro e estou esperando, do lado de fora de um hotel em Toronto, um táxi para me conduzir ao aeroporto. Acabei de participar de uma conferência da American Psychological Association [Associação Americana de Psicologia], e, como psicoterapeuta com experiência clínica, minha mente está animadamente ocupada, refletindo sobre as ideias que foram discutidas, novas interpretações do que torna o indivíduo um ser admiravelmente complexo e interessante. No entanto, apesar de minha preocupação profissional, ou talvez por causa dela, não consigo deixar de prestar atenção no encarregado da portaria. Um tipo animado, ele abre e fecha a porta do hotel para clientes; abre e fecha a porta sorrindo e dizendo algo para cada um que passa por ali. Eu o observo nessa tarefa repetitiva, e fico pensando como ele consegue permanecer tão bem-disposto. Em um rápido intervalo, ele vem até a calçada e começamos a conversar. Depois de conseguir um táxi para mim, diz num tom confidencial: "Eu me pergunto como esses motoristas conseguem. A mesma coisa, dia após dia: dirigir até o aeroporto e voltar, até o aeroporto e voltar. Isso me deixaria louco."

Sorrimos um para o outro, um sinal de camaradagem, de concordância. Estou pensando, contudo, que reparar no outro aquilo que não conseguimos perceber em nós mesmos é algo bem comum, como se fosse parte integrante da natureza humana — pelo menos é isso o que observo no trabalho com pacientes; e, geralmente, quando chegamos a esse mesmo ponto — comportamentos repetitivos. O que está tão facilmente à mostra no outro, da mesma forma e intensidade está escondido de nós. Por que isso acontece?

Acho que por várias razões. Talvez porque nossos comportamentos repetitivos estejam enraizados, sejam instintivos. O porteiro, cujo dia gira em torno de abrir e fechar a porta, não vê contradição alguma em lamentar o destino do motorista de táxi de ter que fazer viagens de ida e volta ao aeroporto dia após dia — porque ele não enxerga o próprio comportamento como repetitivo.

É óbvio, esse é um exemplo simples, provavelmente uma contradição superficial, e talvez, até, de autoproteção. Por que admitir que o que se faz a maior parte do tempo, dia após dia, é insuportável e inconcebivelmente repetitivo? Negando-o, talvez a pessoa se sinta mais suscetível de desempenhar seu trabalho diariamente. Talvez a natureza do porteiro seja tal que o simples contato com aquelas pessoas represente um estímulo, uma mudança, fazendo que o trabalho não seja percebido como repetitivo; ou, por outro lado, talvez ele perceba. Como é possível estar ciente disso? Isso é ao menos importante?

Nas pequenas e corriqueiras questões da vida, não, isso não tem a menor importância. A maioria das pessoas faz tudo igual, dia após dia, tanto no nosso trabalho como fora dele. Talvez você goste do ovo preparado em três minutos toda manhã — não em dois ou em quatro minutos— ou talvez você opte, dia após dia, ano após ano, por não tomar café da manhã.

Alguns de nossos padrões repetitivos são nitidamente irracionais. Tive um paciente que sempre calçava o pé esquerdo primeiro — tão compulsivamente que, se por engano calçasse antes o pé direito, ele interrompia o processo, tirava o sapato e começava tudo de novo com o pé esquerdo. Conheço uma mulher que sai tropeçando pelo quarto escuro para acender a luz — porque ela não quer, não consegue acender a lâmpada acima da cabeceira. E daí? O homem do sapato pode chegar um pouco atrasado ao trabalho. A mulher pode dar uma topada com o dedão do pé. Qual a importância disso?

Nenhuma, a não ser que esses comportamentos sejam sintomas de algo mais sério. Não, essas repetições, e até essas compulsões, não chamam minha atenção para a questão da repetição. O que me seduz é detectar a extensão de certos tipos de comportamentos repetitivos — repetições que destroem vidas, repetições que levam indivíduos à beira da loucura, repetições que podem terminar até em suicídio. Muitos, ou a maior parte, desses frustrantes e destrutivos comportamentos estão quase que totalmente fora do domínio da consciência. Isto é o que mais me atrai.

Assim, depois que comecei a pensar sobre essa questão, recebi em meu consultório um homem para quem tudo parecia correr bem. Louis era um quarentão, um homem de negócios que aparentava ser bem-casado, o pai de um "grande garoto", como chamava o filho de 10 anos, bem-sucedido na vida pessoal e profissional. Contudo, ele me procurou porque estava inquieto, pensando no sentido da vida. E, como revelou depois de algumas sessões, estava tendo um caso com uma mulher que, admitiu, não amava. Entretanto, mesmo sem amá-la, estava prestes a deixar a família. Ele não entendia o próprio comportamento, mas sabia que algo estava errado. Além disso, havia jurado que nunca faria com sua família o que o pai fizera com ele. O que se manifestou nas sessões seguintes produziu forte impacto — não necessariamente em mim, mas certamente em Louis. Conforme as conversas se sucediam, ele revelou que o pai havia abandonado a família quando ele tinha a mesma idade do filho — 10 anos. Além disso, o avô paterno de Louis também largou a família quando o filho tinha 10 anos. Louis estava para se tornar o terceiro pai na família a abandonar a mulher e os filhos. Tudo isso ficou arquivado na mente dele, mas sem estabelecer qualquer conexão. Somente quando chamei sua atenção para a idade dos meninos que foram abandonados pelo pai — 10 anos, a mesma idade do filho de Louis — foi que ele disse: "Você acha que estou agindo da mesma maneira?"

Decidi não responder, porque, às vezes, o silêncio é a resposta mais eficaz. Louis, porém, não carecia da minha resposta. Lágrimas brotaram de seus olhos e ele precisou de um tempo para se recompor. Contudo, este era o objetivo do nosso trabalho: fazer Louis perceber o que estava acontecendo e, o mais importante, por quê. Encarar o ciclo da repetição foi o primeiro passo para ter algum controle sobre o que ele estava provocando inconscientemente.

Talvez você pense que o caso de Louis seja exceção, que o número de pessoas que repetem constantemente comportamentos autodestrutivos não é grande. Seria sensato perguntar se eu não estou exagerando. Afinal, se os seres humanos são movidos pelo prazer, como sugeriu Freud, então certamente sexo, comida, diversão e conforto de boa qualidade deveriam nos seduzir. Logo, pode parecer implausível acreditar que um indivíduo continue agindo exatamente da maneira que o faz sofrer. Concordo que seja um contrassenso. No entanto, não é apenas plausível como também possível. E ocorre constantemente. Não é preciso ser profissional para perceber como isso se desenrola no dia a dia. Basta ler o jornal, ligar a televisão, conhecer história. Muitos de nós conhecemos alguns exemplos da repetição de temas autodestrutivos.

Consideremos o homem de negócios bem-sucedido que arrisca repetidamente a reputação e o capital em altos investimentos, inclusive em apostas ilegais, até ser finalmente descoberto. Ele perde tudo. Também outra situação — muitos já ouviram falar em algo semelhante —: o homem que se casa pela segunda, terceira e até pela quarta vez com mulheres que não lhe são compatíveis. Nós, vizinhos e amigos, talvez consigamos perceber que a nova mulher é exatamente como as outras — mas, ainda assim, ele se casa. Ele não tem consciência dessa repetição, até que a incompatibilidade se mostra presente novamente. Da mesma forma, a mulher que cresceu tendo um tirano como pai — um homem que foi física e talvez até sexualmente abusivo— e escolhe o mesmo tipo de homem para se casar, acabando, muitas vezes, na emergência de um hospital. Ela, no entanto, não vê conexão alguma entre o pai e o marido abusivos. O que dizer da criança cuja mãe cometeu suicídio na meia-idade, quando ela ainda era muito pequena, que, ao chegar à mesma fase da vida, decide abreviar a própria vida? O suicídio é contagioso, ou essa também é uma forma de repetição arraigada e desconhecida — impingir aos outros aquilo que eu mesmo sofri?

O que é importante sinalizar aqui é que essas vidas são infernizadas e destruídas pela compulsão à repetição. Quando digo "compulsão", não estou me referindo apenas à clássica compulsão à repetição definida por Freud. Para ele, essa compulsão era tão instintiva que seria virtualmente impossível exteriorizá-la, praticamente impossível de ser encarada e transformada. Estou me referindo aqui a um tipo de repetição menos instintiva, mas igualmente insidiosa — uma necessidade inconsciente de repetir muitas vezes um comportamento, um impulso de levar adiante um ato, não importando as consequências, mesmo que destrua a vida e a felicidade de alguém.

Lembro-me agora de uma jovem e atraente mulher, Cory, que foi ao meu consultório com uma preocupação bastante prática. Ela queria que eu a ajudasse a organizar seu tempo, suas tarefas e estruturar sua vida profissional. Parecia um pedido singular para uma mulher jovem, brilhante e capaz. Cory cursara uma ótima faculdade de direito e conseguira um emprego, depois de uma rigorosa seleção, em uma grande e prestigiada firma de advocacia. Entretanto, depois de um tempo, começou a enfrentar dificuldades para cumprir cronogramas e priorizar o tempo que tinha, e, finalmente, soube que as chances de se tornar uma associada eram nulas. Por consequência, ela saiu do emprego. Em seguida, abriu a própria firma de advocacia, mas permaneceu sofrendo dos mesmos problemas — planejamento, tempo. Quando tentei investigar mais profundamente sua história, ela se impacientou: "Só quero me ater ao problema que tenho aqui e agora", disse, "Como administrar o tempo. Não tem nada a ver com o passado."

Embora eu não concordasse com ela, lembrei-me do que frequentemente considero sobre os pacientes iniciantes: você age como se tivesse nascido ontem, como se simplesmente tivesse surgido aqui, saído da casca do ovo. Cory, no entanto, acabou falando do passado. E logo ficou evidente que, no caso dela, um exemplo clássico de escolha inadequada a tinha conduzido ao papel de advogada superpoderosa. E, inconscientemente ou não, ela estava sabotando a si mesma. O pai havia decidido transformá-la em alguém "bem-sucedido", na verdade no filho que ele não teve. Concentrou toda a sua energia em fazer de Cory uma pessoa de sucesso no "mundo masculino". E, embora tudo levasse a crer que era aquilo que ela desejava para si, não era o caso. Cory tinha outros objetivos, inclusive alguns que somente conseguiu perceber depois de muitas sessões.

Por quê? Porque os conflitos do passado não foram resolvidos. Cory e a figura internalizada do pai estavam brigando, numa triste repetição do que havia começado bem antes. Entretanto ela não sabia disso, pelo menos não de modo consciente, e, assim, estava condenada a repetir aquilo.

Existe um momento em que a pessoa consegue reconhecer essas repetições? É possível se dar conta disso? E o ciclo é de fato rompido?

Questões difíceis. Acredito, porém, que as respostas sejam "sim" e "às vezes", embora eu admita que não é fácil. Indivíduos que passaram a vida construindo uma concepção sobre si mesmos e sobre o mundo ao redor de determinada percepção equivocada podem ter medo de contestar aquela visão, e isso é compreensível.

Essie veio até mim pela primeira vez em 11 de setembro de 2001. Muitos de nós, provavelmente o mundo inteiro, ficamos traumatizados com os acontecimentos daquele dia assombrosamente terrível. Certamente aqueles que estavam lá, que foram feridos e/ou que perderam entes queridos foram os mais traumatizados. Contudo, Essie não estivera no Marco Zero. Ela não conhecia pessoa alguma que havia estado lá, mas quando o World Trade Center se transformou em cinzas, o mundo ao redor dela também teve o mesmo destino. Ela ficou traumatizada, aterrorizada. E o pior de tudo: ficou praticamente incapaz de agir. Até o percurso de casa ao consultório transformou-se numa barreira quase intransponível.

No entanto, ela chegou. Depois de algum tempo e algumas sessões, ficou evidente que Essie se via como uma pessoa medrosa, incapaz de lidar com o mundo como uma adulta, do tipo que se queixava, mas não ia adiante, apavorada com os acontecimentos mais corriqueiros. Esse era o seu modo de ser, antes daquele dia. Depois desses terríveis acontecimentos, porém, ela havia chegado às raias do desespero.

Alguns insights surgiram com nitidez nos meses em que trabalhamos juntos. Um deles foi particularmente comovente. Essie decidiu enfrentar uma situação que se recusara a admitir havia muito tempo: o pai manteve relações sexuais com ela dos 9 aos 14 anos, quando, então, estava suficientemente crescida para exigir que ele parasse. Essie nunca contou nada à mãe, por achar que ela não iria acreditar. Quando finalmente conseguiu me contar, seus olhos encheram-se de lágrimas. Ela empalideceu. Respirei fundo, perguntando-me como ela iria lidar com isso, com o fato de que toda a sua vida, todo o sentimento de desamparo e medo e até de desespero baseara-se em ter de se submeter, já que não havia escolha; não ter como lutar, nem alguém que a defendesse. Tanto a vida interior quanto a exterior fundamentaram-se nesse terrível acontecimento, nessa sensação de não ter controle, que moldou sua vida. Nesse ponto, eu já havia me dado conta de fatos que Essie ainda teria que perceber: ela havia sido abusada sexualmente pelo pai na infância e sua vida sexual adulta foi destruída por ele e, talvez, pela cumplicidade silenciosa da mãe. Não é de estranhar que os acontecimentos do 11 de Setembro a tenham levado ao estado de pânico e desamparo. Foi a sensação de total desamparo, que tomou conta da maioria das pessoas naquele dia fatídico, que reacendeu em Essie os terríveis sentimentos de que era a criança que não tinha vez. O reconhecimento foi um momento doloroso, amargo. Para nós dois.

O que aconteceu a Essie — sepultar sentimentos traumáticos, experiências e memórias — acontece a muitas pessoas. Entretanto, enterrar essas experiências não significa que elas estejam mortas. Ao contrário, elas se incorporam, tornam-se parte indelével da imagem que as pessoas têm de si. Essie era a criança indefesa que se sentia frágil, exposta a um mundo perigoso. Ela carregava essa imagem na vida adulta no modo de se ver e de se relacionar com os outros. Essie não sabia por quê, e não conseguia explicar isso. Havia uma lacuna entre o que sentia e a base de tais sensações. Sob vários aspectos, as crianças não controlam a vida delas, e Essie permanecia nesse ponto da infância.

Por mais surpreendente que seja, para mim também é difícil tomar parte dessa exumação de emoções e memórias dolorosas já sepultadas. Como posso justificar a retirada de dados do inconsciente, elementos que às vezes o paciente trabalhou a vida toda para ocultar não apenas do mundo exterior, mas de si mesmo? Se estava escondido, havia, sem dúvida, uma boa razão para isso. Como me atrevo a desenterrar, mexer em algo que talvez seja a causa de grande sofrimento, levando-o para a consciência? Além do mais, se o passado não pode ser mudado, então qual a finalidade disso? Fazer que chegue à consciência. Contudo, é, também, bem mais que isso. A criança que vive no adulto, que sepultou seu passado traumático, revive esse fato várias vezes, tentando inconscientemente dominar aqueles acontecimentos incontroláveis. A finalidade, portanto, é facilitar a mudança, ajudar a criança indefesa a se tornar o adulto livre, tendo controle da própria vida. Com consciência e memória, esses eventos podem ser encarados de modo diferente.

E mudança e consciência estão intrinsecamente ligadas. Aqui, porém, reside a arte e a ciência da psicoterapia — e, sim, ela é uma arte. Para explorar os acontecimentos, tenho que ter certeza de que minha relação com o paciente é de plena confiança e suficientemente sólida. A escolha do momento é fundamental. Um dos objetivos da psicanálise é tornar consciente o que está inconsciente. Isso, no entanto, é algo que apenas deve ser levado adiante se houver uma sólida conexão, pois fere o paciente e, às vezes, até mesmo o terapeuta. Já que é assim, então não é melhor deixar como está? Alguns indivíduos podem dizer que sim. E alguns disseram "sim" — e fugiram da terapia. Estavam no direito deles. Não cabe a mim julgar se alguém deve ou não se submeter à terapia. Entretanto, se o indivíduo vem ao meu encontro esperando por mudanças, se a questão que o trouxe é delicada, difícil — como foi para Essie —, então talvez valha a pena o sofrimento, o medo e a confusão, a sensação amarga de que uma boa parte da vida foi desperdiçada. Somente quando esse material chega à consciência é que as coisas mudam. Segredos provocam sintomas, como aconteceu com Essie. Eu posso e frequentemente digo a um paciente que "tarde" é melhor que "nunca". Contudo, nós dois sabemos que continua sendo amargo. Quanto a mim, não sinto prazer algum em ver os pacientes sofrendo, consumindo-se em lágrimas, expondo que passaram uma vida inteira sendo reprimidos. Às vezes, porém, é preciso chegar ao sofrimento para que os problemas sejam resolvidos, e ajudar a elaborar essas questões é meu trabalho.

Expor vulnerabilidades e encarar questões desagradáveis que foram sepultadas há muito tempo é uma etapa preliminar necessária e, às vezes, a parte mais fácil. O que se desenrola em seguida é a parte mais difícil do processo — transformar aquele reconhecimento em uma mudança de comportamento —, porque a mudança não é um exercício intelectual. Se o reconhecimento não for internalizado, sentido e elaborado, nada vai mudar. Relembrar experiências, sensações e memórias, que muitas vezes foram reprimidas, e das quais tinha-se apenas uma vaga lembrança, pode realmente levar à mudança, a um novo modo de perceber o eu e o mundo?

Isso pode ser o começo de uma nova percepção do eu, livre das distorções e dos sintomas inexplicáveis que persistiram desde a infância? Como posso tornar o processo de mudança mais fácil?

A verdade é que os analistas também são seres humanos; também têm sentimentos. Embora tenha, algumas vezes, me referido a mim como um dinossauro, alguém que segue um estilo terapêutico mais tradicional que muitos atualmente, não sou um mero espectador do processo. A noção de que o analista não se envolve e dorme nas sessões, ou de que simplesmente murmura "Hmm" e "Ah", é, na maioria das vezes, uma ficção dos velhos filmes e programas ruins de TV. Sim, no passado o analista se mantinha mais afastado do paciente, e até hoje, em certos tipos de análise, parte dessa distância ainda é mantida. Atualmente há tantas formas de terapia quanto há de analistas, e a maioria delas envolve-se muito mais com o paciente. No meu caso, prefiro o que Freud chamou de "atenção flutuante uniforme". No entanto, não significa atenção sem envolvimento. Ao contrário, quer dizer atenção direcionada, consciência do que e como está sendo comunicado. É chamar a atenção do paciente para o que realmente é expressivo. Em geral, logo depois que algo foi dito, eu pergunto: O que você disse? Não significa que não ouvi, mas funciona para encorajar o paciente a escutar o que ele mesmo disse e a perceber suas implicações. A livre expressão de pensamentos e sentimentos, que chamamos de "livre associação", pode soar como uma série de divagações. Entretanto, esses pensamentos são tudo, menos isso. Minha função é salientar e articular as conexões, conduzir a novos insights, revelar sentimentos e disposição de ânimo.

E, sim, tenho compaixão. E medo. E fico triste. Ocasionalmente, sinto a alegria da descoberta, a satisfação de dois indivíduos que estão no caminho da renovação, duas pessoas que compartilham uma experiência que tem o poder de mudar a vida delas. Eu me preocupo. Eu sinto. Intensamente. Contudo, também posso ficar aborrecido, entediado, inquieto.

Certa vez tive como paciente Betty, uma mulher cujo marido abusava dela — tanto verbal quanto fisicamente. Semana após semana, Betty começava a sessão dizendo: "Você não vai acreditar no que ele fez essa semana!" Semana após semana, eu ouvia; semana após semana, ela dizia que não aguentava mais. Semana após semana, concordávamos que ela ficaria melhor sem ele. E semana após semana, após semana, Betty voltava para ele — e vinha a mim com o mesmo refrão: "Você não vai acreditar no que ele fez essa semana." Pouco depois, descobri que, como Betty, eu estava dizendo as mesmas coisas. E percebi que, por algum tempo, eu também havia me tornado repetitivo. Às vezes, tinha vontade de chacoalhá-la, e gritar: "POR QUE VOCÊ AINDA ESTÁ COM ELE, SE JÁ DISSE UMA CENTENA DE VEZES QUE IRIA DEIXÁ-LO? NÃO CONSEGUE VER O QUE ESTÁ FAZENDO?" No entanto, não é assim que a terapia funciona. De vez em quando, nas horas sombrias da alma, fico pensando se a terapia funciona mesmo em casos como o de Betty. Porém, nós dois perseveramos. Porque Betty é, sob vários aspectos, uma criança que mantém em segredo o fato de sofrer abusos sexuais do pai. Ela sabe que, fora isso, a única alternativa é o abandono total, ou mesmo o aniquilamento.

Então, se há tantas repetições, e nós lutamos para entendê-las e vencê-las, é razoável perguntar: "Por quê? Existe uma compulsão à repetição, um instinto que nos faz repetir um comportamento, tal como sugeriu Freud?[1] E, se é assim, por que existem as repetições autodestrutivas? Como explicar, além da repetição de atos autodestrutivos, a repetição de experiências dolorosas em sonhos e memórias? Seria isso uma tentativa de alcançar algum domínio de mudar as consequências pelo menos uma vez? Ou a repetição em si, ainda que dolorosa, oferece algum ganho particular?" Freud pensou ter equacionado essa questão em seu trabalho com os veteranos da Primeira Guerra Mundial. Ele descobriu que aqueles homens reeditavam e sonhavam com suas terríveis experiências de guerra, o que o levou à noção de tânatos, a pulsão de morte — uma ideia controvertida tanto naquela época quanto hoje. Ainda que eu acredite que a ideia da pulsão de morte é questionável, a compulsão para repetir atos e pensamentos autodestrutivos não é, de modo algum, contestada.

Contudo, mesmo tendo que aceitar as coisas dessa maneira, retorno à questão principal: esse comportamento pode ser mudado? Existe esperança para aqueles que sofrem profundamente, talvez inconscientemente, com esses comportamentos repetitivos? Existe esperança para Betty, Cory, Louis e todos os que vieram me procurar ao longo dos anos, atormentados por comportamentos repetitivos inconscientes? A mudança ocorre? É realmente possível? Penso que sim. Esse é o meu trabalho e o tema deste livro. Uma tentativa de mostrar como esses comportamentos repetitivos podem ser revelados, apreendidos e até modificados.

Sim? Mas como?

Anna O., uma paciente de Freud, cunhou a expressão "cura pela fala". A "cura pela fala" de Freud, se podemos chamar assim, influiu inegavelmente na nossa cultura, nas nossas crenças e até no nosso vocabulário. Todas, ou quase todas, as psicoterapias modernas devem muito aos princípios freudianos.

Quando conheço um novo paciente, sempre fico um pouco ansioso. Será que conseguirei ajudá-lo a alcançar algum tipo de cura? Estabeleceremos uma relação de confiança, um bom nível de comunicação, ou esse encontro estará destinado ao fracasso? No início, não dá para saber. E, embora haja quem ocasionalmente afirme que o objetivo é este ou aquele, mesmo isso não está evidente no começo. Algumas pessoas têm ideias preconcebidas do que é a terapia. Elas querem respostas, querem conselhos. Às vezes querem, como Cory, agir como se tivessem nascido ontem — como se os sentimentos e traumas do passado não tivessem relação alguma com os problemas atuais.

Há técnicas de terapia que não investigam o passado. Indicações, baseadas em evidências empíricas, sugerem que algumas dessas técnicas são bem eficazes. Elas lidam somente com o aqui e o agora, e têm por objetivo dar aos pacientes oportunidade de expressar seus sentimentos. Eles conseguem efetivar mudanças porque percebem as consequências do próprio comportamento autodestrutivo. Essas técnicas podem ajudar a aplacar medos, resolver problemas de relacionamento e atenuar ansiedade e depressão. Podem, até, ter um efeito propagador, quando as mudanças em comportamentos aparentes atingem o inconsciente, fazendo com que alguns problemas mais profundos sejam resolvidos. Entretanto, é bastante improvável que alguma dessas técnicas funcione com os comportamentos repetitivos de autodestruição mencionados.

A solução para esse padrão de repetição mais profundo e inconsciente está no passado. É preciso descobrir a origem dos conflitos inconscientes, entender as razões implícitas àquele comportamento, trazer à consciência o que ainda está obscuro, auxiliar o indivíduo a perceber a si mesmo e o mundo à sua volta de maneira diferente. Esse é o objetivo supremo e a solução — dar aos indivíduos a liberdade de escolher o que querem. Um pressuposto básico é que o comportamento é motivado por fatores dinâmicos que geralmente fogem à consciência. Nosso objetivo é trazê-los à consciência, a fim de facilitar a mudança de personalidade. A mudança de comportamento acompanha a mudança de personalidade. Somente assim os ciclos repetitivos de autossabotagem poderão ser decifrados.

A prática da psicoterapia dinâmica é empolgante e espantosa. Independentemente do número de pacientes atendidos e das centenas de horas de dedicação, fico assombrado com a capacidade humana de procurar maneiras de proteger e defender sua integridade. As necessidades de sobrevivência, testar limites, encontrar desculpas e racionalizações para ter controle são tão variadas quanto são as pessoas. Não há dois seres iguais, no tocante à constituição psicológica. Cada um traz uma história singular. Cada um tem uma história para contar. Cada um tem as próprias defesas. Os pacientes podem ser muito ricos ou muito pobres, fisicamente fortes ou fracos, brilhantes ou medíocres. Podem ter formação cultural e étnica distintas e temperamentos profundamente diferentes. Fatores hereditários podem estabelecer limites importantes no modo de ver e lidar com as adversidades e sofrimentos. O temperamento pode determinar o modo de reagir, mas a biologia não deve ser desconsiderada. Até alguns distúrbios psíquicos podem ser determinados pela genética. No entanto, além das limitações impostas por um desses fatores, somos afetados significativamente por nossa criação, história e meio. Duas pessoas não experimentam a mesma ambiência, pois o mundo está em constante mudança. Heráclito disse que é impossível um homem se banhar duas vezes no mesmo rio.

Embora tenhamos inúmeros rótulos, diagnósticos e categorias, não há uma única pessoa que se encaixe em um deles. Porém, no fim, nós somos semelhantes, pois somos humanos e únicos. Cada problema é único. Cada modo de lidar com o passado é único. É desconcertante apreciar a ampla variedade de maneiras que os indivíduos encontram para lidar com sucessos e fracassos, vitórias e decepções, ameaças e medos. As diferenças ultrapassam em muito as semelhanças, e cada paciente novo representa um desafio único.

O caminho é árduo. Na maioria das vezes, fico pensando se não há um meio de separar os sofrimentos humanos comuns, que atormentam a todos nós, dos sofrimentos perversos, nocivos, que habitam as almas sofredoras. Geralmente, digo aos pacientes que somente posso lhes oferecer a mudança. Entretanto, isso não é verdade. O que tenho a oferecer é a oportunidade de efetivarem a mudança.

De vez em quando acontece de, durante a terapia, a oportunidade não surgir. Às vezes, é porque o paciente é incapaz, ou reluta em mudar, ou então não quer se lembrar de sentimentos que poderiam auxiliar na mudança, ou mesmo acessá-los. Outras vezes é porque têm medo. Eles vêm ao meu encontro porque superficialmente querem mudar, mas há outra parte deles que teme a mudança. E é essa outra parte que vence a batalha.

Contudo, sempre acabo me perguntando: *onde estou falhando com esse paciente? O que estou deixando de levar em consideração? Estou demasiadamente silencioso, ou, ao contrário, estou falando demais? Com certeza, em todas as sessões, pistas estão sendo oferecidas, mensagens são enviadas, às vezes pela própria aparência do paciente. Ele está com uma aparência desleixada hoje? Os ombros estão curvados? Está incomumente animado? Ele está pronto — pronto para dar aquele salto?* Porque, certamente, é um salto de fé que leva alguém a verdadeiramente dar início a essa viagem muito, muito assustadora. Sim, ir ao consultório de um terapeuta é um começo, mas é apenas o começo. Pode levar muitos, muitos meses — até anos —, para que uma relação verdadeira se estabeleça. E é na relação que a mudança ocorre.

Acredito que minha psicoterapia tem que ser quase que constantemente reinventada. Porque, apesar de toda a literatura sobre a ciência da psicoterapia, ela é, afinal, uma arte subjetiva e criativa. E, da mesma forma que é improvável que cheguemos à unanimidade sobre o que constitui a boa arte, também é improvável que tenhamos unanimidade sobre o que constitui a boa terapia. Para cada pessoa, é uma viagem diferente. Para cada pessoa, eu sou diferente. Como um dos meus orientadores disse certa vez, estamos os dois, paciente e terapeuta, embarcando numa viagem por uma selva desconhecida. Nenhum de nós esteve nessa selva antes. A única diferença entre mim e o paciente é que eu já estive em outras — não nesta, mas em outras. Tenho uma vaga noção de como transpor os vários caminhos e armadilhas da selva.

Não apenas o paciente é diferente a cada vez, como até eu sou uma pessoa diferente toda vez que um paciente se encontra comigo. Eu sou mãe. Eu sou pai. Eu sou um irmão invejoso ou invejado. Eu sou professor. Eu sou o molestador ou mesmo o agressor. Eu sou qualquer um, menos eu. Devo permitir que os pacientes me tomem por quem desejam, mas, ao mesmo tempo, continuar sendo eu mesmo para cada um deles. Devo estar em total sintonia com meus sentimentos, memórias e pensamentos. Devo confiar em meus sentimentos e pensamentos, porque são indícios importantes do que está acontecendo em nosso intercâmbio. É uma viagem apavorante. Não é destinada a pessoas covardes, paciente ou terapeuta. No entanto, é, talvez, o tipo de viagem mais gratificante. Pode até ser música.

Ela é para todos? Não. Acredito, porém, que é a única maneira de interromper o ciclo de repetições. E isso leva tempo. Nesses dias de assistência médica administrada, na nossa pressa de querer ver todas as coisas resolvidas, há pouca paciência com esse tipo de terapia pela fala, que consome aquela coisa que temos tão pouco — tempo. Quem quer passar meses, até mesmo anos, esperando surgir a oportunidade de uma mudança? E com a proliferação de drogas para amenizar e levantar qualquer estado de ânimo, depressões e transtornos, por que falar? Aproximadamente um em cada dez norte-americanos toma ou já tomou um dos medicamentos atualmente disponíveis no mercado para melhorar o humor. Eles podem oferecer o alívio da ansiedade, mas não fazem coisa alguma para ajudar a lidar com a compulsão à repetição.

Acredito que há outra razão mais insidiosa, que trabalha contra a cura pela fala: embora muitas pessoas, especialmente das artes e do teatro, tenham falado abertamente que fazem terapia, ela ainda é um tabu em nossa sociedade. Mesmo com a proliferação de filmes, programas de TV e livros sobre terapia, o senso comum apregoa que terapia é para neuróticos ricos ou para aqueles que são verdadeiramente instáveis. Além disso, os filmes e programas de TV que apresentam terapeutas como incompetentes ou perversos não fazem nada para encorajar a confiança pública. Por quê, perguntaria qualquer pessoa normal, eu iria me submeter a esse auxílio tão perigoso? E pagar por isso, ainda por cima? Além disso, e, talvez, surpreendentemente, os programas que apresentam o terapeuta como um herói também podem ser igualmente prejudiciais, fazendo com que o paciente aspire por uma relação terapêutica que foi concebida no mundo da fantasia, construindo expectativas que estão condenadas desde o início.

Outra razão de a "cura pela fala" não ser usada com frequência é: o que acontecerá se todo o mundo souber que alguém esteve ou está fazendo terapia? No campo político, pode significar um sopro de morte. Um político, hoje, pode ter um caso extraconjugal revelado, pode admitir que é usuário de drogas, pode até ser declarado culpado por dirigir bêbado, e sobreviver a tudo isso. Muitos sobreviveram. Entretanto, é raro um político conseguir sobreviver à revelação de que se submete a sessões de psicoterapia. Tal confissão já derrubou mais de um deles na história recente.

Então, sim, há muitas razões para os indivíduos não se engajarem nessa difícil tarefa. E, além disso, há sempre a questão no fundo da mente: *a fala pode realmente curar, especialmente o tipo de fala praticada no método psicoanalítico? Qual a importância disso na minha vida?*

É uma pergunta que sempre me fazem. De fato, é uma pergunta que eu mesmo me fiz quando comecei o treinamento como terapeuta psicanalítico. Para receber a habilitação, tive que fazer psicanálise. Lembro-me de ter perguntado ao meu orientador por que precisava daquilo. Já tinha feito terapia anteriormente, e achava que não precisava de mais.

"O quê?", ele disse. "Então você quer analisar, mas não quer ser analisado?"

Bem, não. É desconfortável. É perturbador. É... assustador!

E é mesmo. Para todos nós. Geralmente revela coisas que gostaríamos de manter ocultas, inclusive de nós mesmos. Pode, talvez, nos mostrar um mero ser humano, quando gostaríamos de pensar em nós como nobres ou santos, ou, pelo menos, livre de problemas e idiossincrasias. Pode mostrar que temos fraquezas e defeitos, e que não estamos imunes às imperfeições que vemos nos outros. Para mim, foi desconfortável, sim. Muito. No entanto, também me propiciou lições valiosas de humildade, admiração e respeito, lições das quais eu precisaria no meu trabalho com pacientes — a humildade de saber que, de fato, é impossível conhecer alguém totalmente; a admiração e o respeito por perceber que um ser humano abriria generosamente sua alma para mim. E a compreensão de que eu deveria ser bastante cuidadoso.

Então, sim, eu acredito no poder da fala. Acredito na construção de uma relação terapêutica para que as mudanças possam ocorrer. Há muitas teorias sobre como e por que isso acontece. Contudo, isso fica para depois. Por enquanto, acredito que com o exemplo de alguns casos poderei mostrar melhor o que acontece na cura pela fala, como a mudança pode se efetivar, à medida que dois seres humanos bastante falíveis atravessam alguns caminhos de difícil acesso. Com trabalho árduo, tanto da parte do paciente quanto do terapeuta. Com dedicação. Com tempo. E com apenas um pouco de sorte.

Capítulo 1

Repetição de comportamentos de identificação primária: conformidade versus autonomia

Muitos de nós gostamos de criar, experimentar, viajar, aprender, crescer — tornar-se alguém. Existem pessoas, no entanto, que além de não conseguir enfrentar esses desafios e aventuras, são incapazes até de imaginar tal coisa. Esses indivíduos agarram-se à crença de que a única maneira realmente boa e correta de levar a vida é seguir precisamente os passos de outrem — frequentemente dos pais. Essa imitação dos pais é conhecida como "identificação arcaica". A menininha que se equilibrava nos sapatos de salto da mãe cresce para se tornar uma adulta que forçosamente usará o mesmo tipo de sapato. O garoto cuja família sempre passava as férias numa choupana em Rainbow Lake cresce e insiste em levar a família para a mesma choupana em Rainbow Lake — às vezes, para a tristeza de sua atual família. Outros cozinham da mesma maneira que a mãe o fazia (mesmo que os resultados possam ser aprimorados), vão para a mesma igreja, sinagoga ou mesquita, frequentam o mesmo teatro e, às vezes, até moram na mesma casa. Para esses indivíduos, tanto na vida real quanto na íntima, não há espaço para mudança ou inovação, não há espaço sequer para imaginação.

Contudo, o que será que faz os indivíduos engajarem-se nesse comportamento repetitivo, nessa identificação arcaica, mesmo à custa do próprio eu? Se alguém lhes perguntasse, a resposta mais frequente seria: "Bem, é a maneira correta." Também é confortável e familiar, e mudar não é fácil. Crianças pequenas querem e precisam adquirir estrutura. Elas precisam de exemplos de comportamento e buscam liderança nos pais. Então, o que há de errado nisso?

Nada, óbvio. O que está errado, no entanto, é que alguns pais comunicam aos filhos que apenas a maneira deles de ser é a superior. A criança cresce acreditando que todos são inferiores a eles, ninguém é tão bom ou tão correto quanto. Para apoiar seu ponto de vista, esses pais podem zombar da permissividade, da polidez ou do estilo de vida dos outros. E isso é fato, mesmo quando coisas terríveis estão acontecendo no lar. Se os pais são esbanjadores, comprando tudo o que aparece na frente, a criança percebe que é dessa maneira que as coisas devem ser. Ela não tem noção de que os pais podem estar à beira da falência. Se eles são alcoólicos e a casa é uma bagunça, então a criança entende que figuras parentais são assim e que é desse modo que se constituem os lares. Se os pais são cruéis e punitivos, então a mensagem é que essa é a maneira de manter a disciplina e frear os desejos perigosos e desregrados de alguém.

Somente quando a criança cresce e observa outros estilos de vida, começa a questionar se o estilo de sua família é realmente o único, ou se é o melhor. Trata-se de uma etapa normal do desenvolvimento, mas, para famílias repressivas, como as que menciono aqui, é justamente nesse ponto que batalhas terríveis, que por vezes duram toda uma vida, se iniciam. Como confrontar pais tão dominadores e controladores? A criança fica apavorada. É um medo real e imenso, porque envolve a única coisa de que nós precisamos e pela qual ansiamos — o amor. Se a atitude da família pouco amorosa determina que "somente posso gostar de você se você for igual a mim", a criança entende que apenas poderá ser amada sendo igual às figuras parentais, não ela mesma.

E, assim, começa a se desenvolver o estilo de vida repetitivo da identificação arcaica — identificação absoluta com os pais. Isso, por si só, já é uma tragédia e tanto.

A tragédia seguinte é que a criança adulta começa a se comportar como eles, sempre tentando alcançar o amor. É uma maneira triste de viver a vida, e o trabalho com pessoas oprimidas me mostrou o quanto é difícil mudá-la. A criança em fase de crescimento não poderia arriscar-se a ser ela mesma, porque isso traria rejeição e raiva. A criança adulta leva tal coisa adiante. Entretanto, há outra batalha subjacente acontecendo. Aqueles que imitam os pais renegam e acobertam um desejo real de se libertar.

Eu quero muito me libertar. Quero muito ser livre. E fico possesso com você, por não me permitir a liberdade. Contudo, eu preciso de você ou ficarei sozinho. Sei como consertar isso. Serei exatamente como você, exatamente da maneira que quer que eu seja, e assim você me amará. Nenhum de nós dois saberá quanto o odeio, quanto quero me ver livre de você.

É apavorante, e triste também. E, porque a maneira deles está correta e a dos outros está errada, aqueles que repetem essas identificações primárias caem no mesmo padrão. O mundo deles é o melhor dos mundos; assim como suas regras são as corretas e apropriadas.

Dessa forma, então, como esses indivíduos conseguem fazer terapia? E por que um indivíduo como esses chega a pensar em fazer terapia? Afinal, ele está agindo do modo que considera correto.

Às vezes, uma pessoa procura terapia por causa de conflitos causados por forças externas — o simples fato de conhecer outros indivíduos ou mesmo de se apaixonar. O ser amado pode pensar e agir diferentemente de sua família original, pode questionar os modelos e valores dela. Isso tem potencial para começar a minar aquele ponto de vista aceito e adotado por anos. O que acontece a seguir é uma imensa confusão interior e, com isso, uma grande tensão no relacionamento com a família de origem.

Embora seja assustador, pode ser um bom começo. Geralmente, nesse ponto o indivíduo fica paralisado. Ele não consegue continuar reprimindo o impulso em direção à liberdade. Mesmo que não vá adiante, voltar atrás é impossível. O que fazer? Alguns movem-se para os lados. Começam a agir de modo passivo-agressivo — externamente, concordam e aceitam as críticas aos pais, mas, por dentro, ficam se corroendo.

Esse embate gera consequências para o indivíduo e para o relacionamento com a família.

Talvez seja nesse ponto que alguns resolvem recorrer à terapia. Às vezes, os próprios pais determinam a terapia na esperança de que "endireite" a criança — leve-a a se conformar. Eles acreditam que o tratamento vai fazer com que a criança pare de se comportar daquele modo e se torne obediente, passiva.

Lembro-me de Valerie, uma atraente e jovem esposa que trabalhava horas a fio no negócio ultrapassado da mãe em troca de uma pequena retribuição. Seu marido insistia para que ela deixasse o negócio e entrasse para o mundo das novas tecnologias, no qual, com sua formação, seria bem-sucedida. Valerie não conseguia, e isso gerou brigas. Na cabeça dela, não era o relacionamento com a mãe que a havia impelido para a psicoterapia, mas os conflitos no casamento. No transcorrer da terapia, Valerie manifestou a raiva que sentia do marido, que ganhava mais dinheiro trabalhando menos horas. Ela o considerava mimado, egoísta e alguém sempre à procura da saída mais fácil. Estava tomada por uma indignação justificada, sentindo que o árduo trabalho da mãe e o seu eram mais "sagrados" que o estilo de vida fácil que o marido levava. Ele era bem-sucedido, respeitado em seu meio e, além de tudo, tinha horas livres! Conforme conversávamos, o irritamento de Valerie em relação ao marido aumentava. Também se mostrou bastante irritada comigo por questionar sua posição.

Por que uma mulher tão brilhante e capaz estava presa ao passado e ao ultrapassado? Por que ela se sentia tão indigna de ser bem-sucedida perante o mundo? Ela lembrava constantemente a si mesma — e a mim também — de que a vida da mãe havia sido bastante difícil. O pai morrera em um acidente logo depois de abrir o negócio. Ela sabia — foi avisada milhares, milhões de vezes — que a mãe batalhara e se sacrificara para cuidar do negócio e criá-la, já que ela era criança. Como Valerie poderia não se sentir culpada e moralmente comprometida? Havia uma evidente mensagem de que Valerie não tinha escolha senão ajudar a mãe. Se não se ajustasse com os desejos dela, seria uma ingrata que merecia ser desprezada. Contudo, também se ressentia de trabalhar horas a fio em um negócio do qual não gostava e ainda por uma pequena retribuição. No entanto, não conseguia admitir isso para si mesma.

Valerie acreditava mesmo que a mãe era uma mártir. Eu lembrei-lhe de que mártires, geralmente, são pessoas muito irritadas. Disse-lhe também que, de acordo com minha prática, não há argamassa mais poderosa que a culpa para subjugar uma criança a seus pais. A raiva é renegada e escondida enquanto a "boa" menina está no palco, interpretando esse papel.

Valerie absorvia tudo em silêncio — e lentamente. Ocasionalmente, ela dizia, da boca para fora, que compreendia. Entretanto, havia ainda um longo caminho até a mudança — porque a compreensão racional não é como a compreensão emocional, do tipo que pode resultar em mudanças. Depois de alguns meses, senti-me à vontade para perguntar, caso essa também fosse a opinião de Valerie, como sua mãe havia permitido que ela se casasse. Timidamente, ela revelou que a mãe gostava do seu marido e havia encorajado o relacionamento entre eles. Valerie admitiu que não entendia por que a mãe se mostrava tão condescendente naquele relacionamento, quando sempre fora contra todos os homens com quem ela, a filha, saíra. Chegou a lhe passar pela cabeça que aquilo era bem estranho, mas não conseguiu descobrir coisa alguma. A aprovação da mãe contribuiu para impulsionar uma relação que Valerie hesitara em levar adiante, mas que acabou em casamento. "Ele e a família eram tão diferentes que eu achava que não pertencia àquele mundo."

Foi quase por acidente que a mãe de Valerie deixou escapar que, como o futuro marido de Valerie provinha de uma família próspera, ele poderia ajudar financeiramente o seu negócio. O aval dela baseou-se em suas necessidades. Suas. Não nas da filha. O reconhecimento da conduta exploradora da mãe, a ponto de aceitar o marido de Valerie, não para o bem dela, mas por causa do próprio negócio, foi um duro golpe para a filha. Além de perceber o que estava acontecendo, Valerie experimentou. Ela absorveu. E ficou, de fato, arrasada.

Depois disso Valerie realmente compreendeu até que ponto havia levado a vida em função da mãe. E foi então que as coisas começaram a mudar. Após algum tempo, não de imediato, ela conseguiu se libertar do domínio materno, mas não sem uma discussão, em que foi acusada e ameaçada, inclusive, de ser renegada. Ainda assim, Valerie não se abateu. Começou a procurar um emprego. Finalmente ela conseguiu romper o elo com a mãe e encontrar um emprego mais gratificante e com um salário muito melhor. Além disso, continuou ajudando-a financeiramente, mas o vínculo sufocante foi desfeito.

Valerie correu o risco de perpetuar essa ligação nociva com a mãe, e também de repeti-la com outras pessoas — com o marido e com algum filho que viesse a ter. Ela poderia ter se tornado uma esposa e mãe martirizada — e exasperada —, como sua mãe. Poderia ter vivido com uma culpa paralisante; poderia ter se indignado com qualquer um que levasse uma vida mais fácil do que ela e a mãe. (Tudo se encaminhava para isso, e foi quando ela começou a terapia.) Seu casamento poderia ter se dissolvido facilmente e seu futuro teria sido estreitar o vínculo com a mãe. O preço por separar-se dela foi alto. Foi difícil, e Valerie precisou de muita ajuda para suportar a própria culpa e a constante reprovação da mãe. Ela poderia ter continuado com o trabalho de longas horas e com remuneração insignificante. Entretanto, foi em frente. Passou a manter uma relação cordial com a mãe, uma relação diferente e bem distante de tudo o que haviam tido até então. Valerie teve que atravessar certa turbulência para conseguir se safar. O dano estava feito, e, a partir de então, o trabalho dela era tentar mudar — consertar o que podia ser consertado.

Assim que Valerie se casou e mudou-se para a nova residência, bem mais luxuosa do que jamais sonhara, ela teve de lidar com algumas situações difíceis. A cozinha era bem pequena, os quartos tiveram que ser redecorados, e mobiliar a casa foi um pesadelo, um mar de indecisões — ela escolhia e depois cancelava tudo, e então voltava atrás. Valerie não se permitia apreciar o novo estilo de vida com prazer. A mudança no relacionamento com a mãe, porém, surtiu bom resultado. Valerie tornou-se uma pessoa independente, automotivada. Ela não sofria mais com dúvidas existenciais, nem com a culpa com a qual convivera por grande parte da vida. Estava pronta para dedicar-se ao casamento e ao novo emprego.

Foi um fim bastante feliz.

A história de Mary é diferente. Ela estava completamente presa à sua família de origem e, particularmente, à mãe, cuja crença era de que a família estava em primeiro lugar e todos os tipos de sacrifício deveriam ser feitos para manter tal inviolabilidade. Ensinou a Mary que qualquer coisa que afastasse a esposa do marido e, especialmente, dos filhos, era algo ruim. No entanto, não foi sua mãe quem se casou com ele e, sim, Mary. E Carlo, um bom homem, tinha ideias diferentes sobre família. Ele era um carpinteiro que trabalhava com afinco, voltando para casa todas as noites para estar com a esposa e os dois filhos pequenos. Contudo, Carlo, com 30 anos, decidiu que queria uma vida diferente. Nunca havia sido bom aluno e fora aprovado com dificuldade no ensino médio, pois não estudava nem fazia exercícios de casa. Depois de quatro anos de casamento e dois filhos, ele queria entrar para o mundo dos negócios. Sentia-se em desvantagem no quesito escolaridade e tinha vontade de se dedicar aos estudos e cursar uma faculdade.

Antes de qualquer atitude, Carlo expôs seus planos a Mary, e ela aceitou. Eles concordaram que seria difícil trabalhar o dia todo e estudar à noite, e competir com outros estudantes que já tinham o ritmo certo para os estudos. Entretanto, ele estava muito motivado. E assim foi. Carlo passava os fins de semana na biblioteca. Em casa, Mary tornava-se cada vez mais irritada. Embora tivesse concordado, da boca para fora, com o desejo de Carlo de "aprimorar-se" e seguir seus sonhos, ela agora via as ausências do marido como rejeição. Ela praguejava que essa não era sua ideia de vida familiar, e insistia que queria um marido que estivesse em casa com a família. (Basicamente, Mary se sentia ameaçada, com medo de que Carlo se envolvesse com outras mulheres que estivessem mais concentradas na carreira. Ela também sentia que seria deixada de fora dessa vida universitária e, em algum momento no futuro, da corporativa com a qual Carlo sonhava.) Contudo, mais do que isso, ela não conseguia se afastar daquilo que acreditava ser o papel de uma "família de verdade" — uma família como a de sua mãe. Ela se recusava a apoiar os esforços do marido, e arrastou-o para a terapia de casal.

Nas sessões, ela não gostava do que ouvia, ou talvez a verdade seja que ela não conseguia ouvir coisa alguma. Não ouvia as minhas perguntas nem minhas considerações. E, é óbvio, não queria ouvir qualquer coisa que fosse vinda de Carlo. Apenas queria me dizer que suas queixas eram compartilhadas por sua mãe e irmãos. Apenas queria me contar que o comportamento de Carlo corroera sua concepção de "família". Disse-me que o marido era a ovelha rebelde da família e que estava farta disso.

Ele, por sua vez, se sentia exilado e abalado. Acreditava que estava tentando amparar financeira e emocionalmente a família. Estava tentando melhorar sua condição de vida e a de sua família, a um custo muito alto para ele. No entanto, era tudo em vão.

Ficou evidente que Mary sempre tivera dificuldade com mudanças. Sofrendo de fobias quando criança, ela não podia cogitar viajar ou sair de férias, ou qualquer outra coisa que a afastasse de seu lar. O casamento foi se perdendo cada vez mais; porém, de alguma maneira, resistiu, embora eles tivessem parado de fazer terapia. No entanto, cinco anos depois, retornaram. Carlo trabalhava na área de finanças e estava inscrito em um programa de MBA, dedicando-se muito, despendendo várias horas diárias para se deslocar até o local de trabalho, e ganhando muito mais dinheiro do que chegou a sonhar. Mary o considerava um elitista. O casamento estava seriamente comprometido. Ela esperava sinceramente que, dessa vez, eu dissesse a Carlo que ele tinha que mudar. (Para mim, era interessante que ela tivesse retornado, já que não tínhamos feito quase progresso algum na nossa tentativa anterior. E, infelizmente, não fizemos nenhum dessa vez também.)

No capítulo do casamento, discutiremos o contrato não escrito.[1] Pode-se dizer que Carlo quebrou o contrato original com Mary. Ela esperava que ele permanecesse um carpinteiro feliz, trabalhando e estando ao lado da família. Não importava que ela tivesse concordado com os planos dele para o aperfeiçoamento. Não importava que ele não tivesse agido unilateralmente, sem discutir previamente com ela. Não, havia outras coisas em questão aqui: Mary tinha um conjunto de valores e ideais estabelecidos pela mãe, e, embora os valores de Carlo fossem bons, saudáveis e fortes, ela não conseguia enxergar isso. Ela lutou para manter as coisas exatamente como eram na sua infância, com consequências devastadoras — o casamento fora abalado e acabou ruindo.

Geralmente me perguntam, quando o paciente vem pela primeira vez ao meu consultório, se sou um "terapeuta cristão". A suposição parece ser a de que somente poderei ajudar se compartilhar do mesmo sistema de crenças. Fred foi criado em um lar fundamentalista, no qual as palavras literais da Bíblia, do pastor e da rígida comunidade religiosa eram lei. Ele era submetido a orientações religiosas e orações bem cedo pela manhã, antes de ir ao colégio afiliado à sua religião. As noites eram dedicadas ao estudo e às orações. Não havia divertimento. Não havia socialização. Seus pais eram extremamente severos e inflexíveis, e exigiam a submissão total do primogênito. Contudo, havia um problema. Fred era extremamente inteligente e curioso. Ele questionava. Havia coisas que ele não entendia. Ainda assim, quando fazia perguntas, além de ser silenciado, era repreendido. As perguntas eram coisa do diabo!

Fred, então, passou a engolir as perguntas e tentou ser o bom filho. Depois de um tempo, porém, desenvolveu tiques nervosos e dificuldades de fala. Os pais atribuíam isso a seu "desvio da palavra do Senhor". Ninguém pensava em submeter Fred a uma terapia, já que seus sintomas eram causados pelo comportamento obstinado, pecaminoso e rebelde. Fred persistia com suas dúvidas e sem ceticismo, embora, na maior parte das vezes, se mantivesse calado. Ainda assim, havia um preço a pagar, pois seus pais estavam cientes de tais dúvidas — e seus colegas o atormentavam pelos movimentos involuntários e pela gagueira. Quando foi aceito por uma faculdade na qual se inscreveu secretamente, os pais exigiram que ele fosse para uma instituição vinculada aos princípios de sua religião. Fred os enfrentou. Eles se recusaram a pagar uma faculdade secular. Ele conseguiu uma bolsa de estudos, e trabalhava para arranjar dinheiro para os livros e despesas pessoais. Fred era um aluno excepcional. Distanciou-se dos pais. Depois de muita insistência, passou a ir para casa em alguns feriados apenas para ouvir o desejo dos pais de que frequentasse a igreja e se comportasse da maneira que eles queriam. Ele voltava para a faculdade para beber e passar o tempo jogando cartas, divertindo-se em bares e fazendo sexo. Estava em um estado de rebeldia motivado pela culpa. O resultado foi um distanciamento cada vez maior entre ele e os pais — e de si mesmo.

Outro problema estava acontecendo em casa, mas dessa vez Fred não era o responsável. Sua mãe tinha uma doença que acarretara certa dificuldade de lidar com a realidade, e Fred sabia disso. Quando o pai gritava com ela para que rezasse, Fred algumas vezes tentava salvá-la, transformando-se na causa da discussão do casal. "Se você cuidasse da sua vida e fosse à igreja, todos nós estaríamos em uma situação melhor", era o que o pai dizia. A mãe foi parar várias vezes em instituições de saúde mental. Toda vez que ela recebia alta, o pai dizia que a havia curado pela oração. Quando Fred se separou da família, continuou a manter contato com o irmão mais novo, que ainda vivia com os pais e o via como um pária. Fred se sentia deprimido e sozinho, sem qualquer apoio senão o dos colegas da faculdade, que sentiam pena dele. Contudo, isso não o ajudava a superar a alienação de si mesmo. Os pais lhe disseram que se não voltasse a agir de acordo com a vontade deles, não seria mais bem-vindo em casa.

O primeiro emprego de Fred, assim que concluiu a faculdade, o conduziu para uma nova comunidade, onde não conhecia pessoa alguma. Ficava a muitos quilômetros de sua casa e da faculdade que frequentara. Embora se saísse bem no trabalho, Fred se sentia sozinho e infeliz. Conheceu algumas mulheres, mas, depois de certo tempo, descobriu que elas eram manipuladoras e extremamente exigentes. Insistiam para que ele agisse da maneira que queriam. Fred estava vulnerável e precisando relacionar-se com alguém, por isso, não podia abrir mão daqueles relacionamentos com tanta facilidade. Sabia que não era aquilo que queria, mas sentia que, à sua maneira, aquelas mulheres lhe ofereciam companhia, e pareciam interessadas nele. Fred escolhia as que eram vulneráveis e bastante carentes, e o que o fazia sentir-se atraído por elas era o desejo de salvá-las — tudo isso para diminuir a própria culpa, para convencer-se de que era um bom rapaz. Ele também escolhia mulheres que, assim como seus pais, eram exigentes e manipuladoras. Era tentador, para Fred, continuar a se envolver com essas mulheres e, possivelmente, até casar-se com elas, mas sabia que algo não ia bem. Então, ele procurou a terapia.

Quando começou a explorar seus sentimentos, tornou-se nítido que todas as mulheres que escolhia eram réplicas de seus pais. Eram rígidas. Tinham ideias fixas. E os sentimentos de Fred? Quem ligava para eles? Os sentimentos e pensamentos eram desprezados. Fred estava sozinho e se sentia um fracassado. Estaria livre daqueles relacionamentos repetitivos e neuróticos com mulheres, se conseguisse perceber sua compulsão para salvá-las. Ele se tornou consciente da atração latente que sentia pelo que lhe era familiar, embora prejudicial. Não queria ficar sem uma companhia feminina, mas conseguiu perceber a mágoa que nutria dos pais, e ficou feliz por ter-se dado conta de que algo estava errado no relacionamento com aquelas mulheres antes de se deixar envolver totalmente por elas.

Tanto Valerie quanto Fred conseguiram evitar a sabotagem de seu futuro. Com Beatrice, no entanto, a situação era diferente. Ela estava na casa dos 30, vivendo com os pais, em um trabalho burocrático, quando apareceu no meu consultório. Era uma mulher inteligente, que havia feito alguns cursos em uma faculdade estadual, e havia se saído bem. Entretanto, participara desses cursos de uma maneira aleatória e esporádica, e quase sempre perdia o prazo final de entrega dos trabalhos. Estava sempre solicitando prorrogações e permissão para fazer provas de segunda chamada. Não tinha planos de terminar a faculdade ou de conseguir um diploma. Desde a época do ensino médio, ela recordava-se de dizer: "Eu poderia ter feito melhor, mas sempre deixo tudo para depois. Faço as coisas da minha maneira, e no meu tempo."

Contudo, ela também acreditava que as coisas eram mais difíceis para ela que para os outros. Não fazia conexão alguma entre a tendência de adiar as coisas, sua hesitação e a crença de que tudo era mais difícil para ela. No entanto, também não era capaz de ver que estava presa a um processo de perfeccionismo paralisante. As coisas eram mais difíceis para ela porque nada do que fazia era suficientemente bom. Ela não se permitia terminar coisa alguma, porque sempre poderia ser melhor. O resultado era que nada tinha fim. Ela precisava estar acima da crítica, e tinha que ser perfeita. Tinha poucos amigos e sua vida resumia-se ao seu trabalho e à sua numerosa família — avós, pais e irmãos, sobrinhas e sobrinhos. E aqui estava ela, a filha mais nova, e a única solteira. Estava deprimida e sozinha, e se sentia presa a uma rotina, mas não conseguia ver uma saída. Começava projetos apenas para abandoná-los depois. Quando alguém lhe sugeria alguma ideia para melhorar sua situação, ela não fazia qualquer coisa que fosse para implementá-la. Seus pais expressavam sua decepção por ela não ser mais sociável, sair com homens ou demonstrar mais iniciativa. Contudo, frequentemente pediam que ela fizesse coisas para eles ou para a família. Ela cumpria a missão, fazendo as compras, limpando a casa e ainda servindo de babá. Era como se isso fosse seu quinhão na vida, e ela o aceitava passivamente. Não havia uma coação, mas uma velada expectativa. "Minha mãe me comparava a pessoas que eram bem-sucedidas. Se eu fosse bem-sucedida em alguma coisa, meu pai expressava seu desagrado e minha mãe começava a brigar com ele. Nada do que eu faço agrada meus pais, então por que devo perder tempo com isso?"

Havia outra tarefa cruel aguardando-a sorrateiramente no futuro, e Beatrice, ainda que não estivesse pronta para admitir, não poderia fazer coisa alguma, a não ser tornar-se consciente de sua chegada: como a filha mais nova de sua extensa família, com os pais ficando velhos, havia um entendimento tácito de que Beatrice cuidaria deles, substituindo-os em sua função. Em vez de sentir que era importante para sua família, sentia-se sobrecarregada de obrigações que não eram reconhecidas. Logo no começo da terapia, Beatrice me contou um sonho: "Pedi a um amigo que cantasse uma música. Ele cantou três. Eu me surpreendi por ele conseguir cantar sob o comando de alguém." As associações dela evidenciavam o sentimento de que tinha que executar as coisas em casa sob comando e, se fosse bem-sucedida, surpreenderia os outros. A crença era de que ela não podia ser bem-sucedida, porque interpretava a expectativa dos outros como comando. Isso despertava suas defesas passivo-agressivas, e ela não tentava coisa alguma. Outro sonho elucidador: "Algo está preso na minha garganta. Estou tossindo. Alguém bateu nas minhas costas. Durante a noite, eu morri. Estava sangrando há bastante tempo." Beatrice estava se engasgando até a morte. Estava reprimindo seus sentimentos havia muito tempo, e um tapinha nas costas não conseguiria aliviar a sensação de estrangulamento. Ninguém parecia avaliar seu sofrimento e cada um percebia suas queixas como algo insignificante.

Em concordância com "algo está preso na minha garganta", Beatrice comentou que gostava de colecionar quinquilharias e objetos sem valor, e que não conseguia se desvencilhar de coisa alguma. Ela acumulava tudo, seu quarto era uma bagunça, e não conseguia abrir mão de qualquer coisa que fosse, até de coisas que não tinham qualquer serventia. Além disso, disse estar constantemente de dieta, ganhando e perdendo peso. Às vezes, comia tudo o que estava à sua frente, e, se ganhasse peso, entrava numa dieta rígida até emagrecer novamente. Ela reprimia seus sentimentos até que estivesse prestes a explodir — e, então, fazia tudo novamente. Os mecanismos de defesa passivo-agressivos dela se manifestaram na terapia. Seu objetivo era traçar um paralelo da sua frustração, decepcionando-me. Ela queria progredir. Entretanto, era mais importante para ela não ir a lugar algum. E aqui estava o dilema — a batalha entre assentir às exigências do status quo dos pais e aceitar a mudança, isto é, manter-se fiel à aceitação estranguladora e paralisante deles, ou ser capaz de passar de um estado para outro e se identificar com as forças da mudança. Beatrice se identificava com o pai, um homem que passou a vida trabalhando em um empreendimento arriscado. Obstinada e teimosamente, ele tentou provar que conseguiria bons resultados de um negócio falido e, à medida que se fixava nessa ideia, arrastou a família para baixo junto. Beatrice seguiu o exemplo. Dava dois passos para a frente e dois para trás sem chegar a lugar algum, sentindo-se incapaz de tentar qualquer coisa nova ou diferente. A falência do pai foi também a sua, assim como a da terapia e do terapeuta. Quando conseguia dar dois passos adiante, o pai negava o avanço. Ao mesmo tempo, ele a criticava por continuar no caminho para lugar nenhum, o que equiparava a filha a ele.

Beatrice fez algum progresso, mas um tão lento e dolorido que foi difícil perceber e partilhar. Muitos passos adiante, inúmeros para trás. E assim é para a maioria dos que são prisioneiros desse tipo de repetição. O receio de magoar os pais, a culpa por se libertar e por fazer valer seus direitos não podem ser superados facilmente. E, para muitos, essa expressão de autonomia, que deveria ocorrer gradativamente durante o crescimento, não surge de maneira alguma. Para outros, surge à custa de alienação e solidão. Em famílias nas quais os pais são autoritários, severos e inflexíveis, as crianças crescem com medo e ansiedade. A ameaça da culpa, da punição, do retraimento do amor e da aceitação e, em alguns casos, do abandono forçam as crianças a refrear a necessidade de experimentar e de cometer os próprios erros. Assim, elas permanecem em constante dúvida sobre si mesmas, carregando inseguranças e relutância em confiar nos próprios sentimentos. Sentem que não têm outra saída e, em muitos casos, conforme mostramos, incorporam os padrões e valores dos pais, tornando-se pequenas cópias. Elas seguem o comportamento prescrito, suprimindo a própria individualidade e os próprios potenciais criativos. Afinal, a censura é inimiga da criatividade! — uma estrada longa e árdua, mas em direção oposta a esse comportamento repressivo e repetitivo.

O problema é que muitos de nós obtemos mais ganhos se mantivermos o status quo do que se partirmos para a mudança. Sabemos, sentimos, queremos mudar. Não gostamos do modo do qual as coisas são, mas a perspectiva de causar transtorno na nossa estabilidade e no que nos é familiar é muito assustadora. Obtemos "ganhos secundários" com nosso sofrimento, e não podemos arriscar nos livrar deles. Lembro-me de uma conferência da qual participei sobre hipnose. Um casal de idosos se apresentou. A mulher se locomovia com o auxílio de um andador, e o marido, com quem estava casada havia muitos anos, segurava-lhe o braço enquanto ela andava. Fisicamente, não havia coisa alguma errada com as pernas ou o corpo que justificasse sua incapacidade de andar. O professor, um especialista com vasta experiência em psiquiatria e hipnose, tentou hipnotizá-la. Ela entrou em estado de transe, e ele começou a sugerir-lhe que ela era capaz de andar. No entanto, foi tudo em vão. Quando saiu do transe, ela ainda não conseguia andar. A explicação foi que havia muitos ganhos assegurados com o fato de ter o marido ao seu lado, cuidando dela e realizando suas vontades. Muitas pessoas se utilizam de enfermidades para perpetuar relacionamentos, mesmo à custa da liberdade e da autonomia. As satisfações decorrem do fato de se ver limitado e incapacitado física ou psicologicamente. Isso, geralmente, é uma das grandes forças dissuasivas do progresso na psicoterapia. É algo inconsciente, mas há mais gratificação na perpetuação que no abandono. Beatrice, apesar de toda a sua infelicidade, tinha medo de abdicar da posição que ocupava na família. Ela se sentia necessária, ainda que ameaçada pela ideia de alcançar um patamar que contribuísse para obter um senso maior de independência e individualidade. Os riscos eram muito grandes; a perda do conhecido, do familiar, era muito assustadora.

Dentro de todos nós há uma criança que quer experimentar o novo e o diferente, uma criança que tem uma curiosidade saudável pelo mundo que a cerca, que quer aprender e criar. Em todos nós há necessidade de segurança, proteção e estabilidade. Teoricamente, aqui se estabelece o equilíbrio entre os dois tipos de necessidade. A base da segurança está presente e serve de fundamento, permitindo a exploração de novas ideias e novas aprendizagens e experiências. Contudo, muito frequentemente, a necessidade de segurança e de dependência supera a liberdade de explorar, e nós acabamos sufocando, e até destruindo, os desejos criativos, a fantasia, a criança dentro de nós. Buscamos fontes que satisfaçam nossa necessidade de dependência e segurança, sacrificando a criança curiosa e imaginativa.

Há pessoas que correm muitos riscos, que tentam várias vezes a sorte e perdem, em detrimento de tudo o que está envolvido. No entanto, há aqueles que têm aversão ao risco, e fazem muito pouco uso de seu talento e suas habilidades, com medo de mudar a visão da criança dependente e protegida que têm de si mesmos. A autonomia, a independência e o sucesso são apavorantes, porque significam que não poderemos mais argumentar que nossas necessidades precisam estar protegidas. Para essas pessoas, o sucesso não gera êxito; ele traz mais trabalho, uma dependência maior, mais razões para abandonar o argumento de seguir em frente, para muito longe, e explorar o novo e o diferente.

Capítulo 2

Repetição no casamento: contratos não escritos e comportamentos complementares

Amor. Todo mundo quer. Todo mundo precisa. Poemas épicos foram escritos sobre ele. Óperas grandiosas e melodias simples foram cantadas em seu nome. Indivíduos já mataram tendo-o como motivação. É algo sem o qual ninguém pode viver.

No entanto, o que é exatamente essa coisa chamada amor? Quem pode realmente defini-la? É uma emoção, um simples sentimento de abnegação e compromisso com o bem-estar do outro, tal como uma experiência religiosa? É um tipo de insanidade? Penso que é possível identificar a veracidade de certas expressões comumente usadas para descrever o amor, como "loucamente apaixonado", "louco por ela", "ciúme doentio". Talvez algumas dessas frases indiquem um reconhecimento inconsciente de que o amor é um tipo de insanidade, um estado incomum da mente, um lapso de juízo ou de bom-senso. Certamente, alguém que "se apaixona" não consegue se distanciar o suficiente, ao menos uma vez, para analisar, perguntar-se o que é o amor. Contudo, as pessoas sabem nitidamente e com toda certeza quando estão apaixonadas.

No entanto, o que chamamos de amor às vezes não tem coisa alguma a ver com amor. Quase sempre, ele — e, consequentemente, os casamentos — é constituído de uma expectativa inconsciente de que o parceiro poderá suprir nossas necessidades não atendidas, e até propiciar uma sensação de completude. É o que chamo de "contrato não escrito", presente na maior parte dos casamentos. Essa percepção ou motivação raramente é explícita, porque o indivíduo quase nunca tem consciência dela. Ele somente está consciente do amor que sente por aquela pessoa.

Esse desejo de ter as necessidades atendidas é algo ruim? Lógico que não. Em qualquer casamento ou relacionamento, procuramos ter nossas necessidades satisfeitas e atender, quando possível, às necessidades de nossos parceiros. Se as percepções e expectativas são realistas, o casamento se desenvolve e prospera, porque temos bem definido o que queremos e de que forma o conquistaremos.

Não é a esse tipo de relacionamento, porém, que me refiro. O fracasso em muitos casamentos, evidenciado pelos assustadores índices de divórcio, não é uma necessidade ou desejo consciente. Sem dúvida, o problema está nas expectativas inconscientes de um ou de ambos os parceiros, que são irreais e distorcidas. São esses os casais que estão condenados a engrossar as estatísticas das pessoas que se divorciam.

É realmente possível não perceber as necessidades do outro, de modo que o cônjuge se transforme em apenas mais uma esperança de algo impossível? Será que existe alguém que foi desprezado e indesejado por sua família de origem e cresceu procurando aquele amor parental incondicional — esperando encontrá-lo no cônjuge?

Infelizmente, tanto é possível como acontece com frequência. Tal desejo e muitos outros são expressos no ciclo de repetição matrimonial. Há aqueles que cresceram em lares desajustados e que buscam um parceiro que lhes ofereça a estabilidade que não conseguiram ter na família de origem. Porém, quando o cônjuge se revela incapaz de oferecer aquilo que desejam, eles se decepcionam. As pessoas procuram desesperadamente aquilo que não tiveram. Por quê, então, tudo parece dar errado? Isso ocorre quando o indivíduo simplesmente perpetua as perdas, repetindo a tragédia do passado. E agora a parte assustadora e verdadeira: embora quase nunca seja perceptível à primeira vista, a repetição surge na forma de casar-se com a mãe hostil e exigente, ou com o pai frio e insensível. Em alguns casos, isso se dá repetidamente. Por que alguém faria algo assim?

Ao iniciar uma terapia de casal, logo na primeira ou na segunda sessão peço que cada um descreva os pais. Geralmente, com o tempo — na verdade, quase sempre —, começo a perceber uma nítida semelhança entre o cônjuge e um dos pais. O mais trágico, no entanto, é que o paciente se assemelha exatamente com quem teve mais dificuldades. O pai hostil e frio é refletido no marido ou na esposa hostil. A mãe severa, dominadora e implacável é refletida no cônjuge severo e dominador. É a representação da relação mal resolvida com um dos pais que foi percebido como agressor, aquele que não conseguiu atender às necessidades filiais. A escolha inconsciente do parceiro representa uma tentativa de mudar aquele pai/mãe, de conseguir o amor e o carinho que faltaram. O cônjuge, por sua vez, desempenha o papel de castrador. O resultado se apresenta na forma de queixas do tipo: "Ele não me ouve; não foi isso o que eu disse; não foi isso o que eu quis dizer." Isso, por sua vez, gera lutas pelo poder, batalhas de vontades, brigas sobre quem está certo ou errado. Geralmente, o que vem a seguir é aquela sensação silenciosa mas bastante incômoda de estar pisando em ovos, para não desequilibrar a balança. O casal está atuando em dueto, dizendo que busca a harmonia, mas, no fundo, está produzindo dissonâncias.

Às vezes, há uma vaga consciência do que está acontecendo; pensamentos confusos de que o cônjuge está se comportando como o pai/mãe frustrador, mas tais pensamentos geralmente são repelidos. Porque fracassamos no reconhecimento da dinâmica da interação com o cônjuge e porque não queremos nos lembrar inteiramente do impacto prejudicial que aquele pai/mãe teve sobre nós, tendemos a repetir muitas vezes a relação. Temos a expectativa de que, da próxima vez, seremos bem-sucedidos naquilo que queremos. Vivemos com a esperança de que encontraremos, no casamento, a satisfação que não encontramos até o momento. Se percebemos que o cônjuge atual ou potencial não consegue atender às nossas expectativas, fantasiamos que conseguiremos torná-lo mais receptivo, generoso, forte, delicado e menos hostil. Por quê? Porque continuamos presos à fantasia infantil de que conseguiremos agradar e mudar nossos pais, que seremos capazes de fazer com que eles nos amem da maneira que precisamos ser amados. Em muitos casos, esses tipos de pensamento e desejo não funcionaram com nossos pais. E é quase certo que também não funcione no casamento.

Os casamentos são realizados inconscientemente, e isso nunca esteve tão evidente para mim quanto na ocasião em que atendi Jillian e Michael.

Quando Jillian chegou sozinha ao meu consultório em uma tarde de primavera, estendeu a mão com unhas bem-feitas para me cumprimentar e sentou-se na cadeira em frente à minha, com uma aparência muito radiante, vestida elegantemente e muitíssimo atraente. A voz era bem modulada, e ela não tinha problemas em expressar suas preocupações. A questão que ela me trouxe foi que o filho de 12 anos estava tendo dificuldades na escola. Os testes revelaram que ele tinha um QI alto, mas não estava tendo um bom desempenho. Jillian estava ciente de que as tensões no seu casamento podiam ter algo a ver com o desempenho escolar do filho. Levou apenas uma sessão para que ela passasse da questão do filho (que, essencialmente, revelou-se um assunto de menor importância) para as dificuldades no seu casamento. Ela estava casada com Michael havia 16 anos, e sentia-se farta daquele relacionamento.

— Ele é bom, brilhante, honesto e atraente — disse ela, ao falar dele pela primeira vez. — Mas é muito lerdo, devagar. É preciso uma fogueira embaixo dele para que se mexa. Ele está no mesmo emprego há anos. Ganha pouco, mal dá para nossas necessidades, e não há futuro ali para ele. Michael sabe disso também. Mas o incomoda? Não!

— Mas incomoda você — comentei.

— Sim, pode acreditar. Sou gerente de escritório, mas estou sempre de olhos abertos, procurando um emprego melhor, sempre fazendo contatos. Quero progredir na vida, ganhar mais dinheiro e ter um emprego mais confiável, que seja valorizado. Quero efetivar mudanças. Michael é ético e honesto. Ele é capaz, muito capaz. Mas não tem nenhuma iniciativa. Nenhuma! Até o fato de eu ficar angustiada não parece incomodá-lo nem um pouco. Ele diz que está tudo bem, que tudo vai ficar bem. Mas como é que ele pode dizer isso se as coisas não estão bem?

— Ele fica com raiva quando você toca nesse assunto? — perguntei.

— Raiva? Ele? Ele não consegue nem ficar com raiva. Eu gostaria até que ele ficasse. É um cara inteligente também, uma pessoa que estudou muito. E isso é estranho — ele tem muitos amigos. As pessoas gostam dele. Mas ele está me deixando louca. Vive adiando as coisas. Tudo. Não troca nem uma lâmpada no dia que eu peço. Pode levar meses para fazer algo tão trivial.

— E como ele se sente em relação ao filho e às notas na escola?

Ela fez uma careta e deu de ombros.

— Para ele está tudo bem. Não manifesta nenhuma emoção intensa por nada!

Achei que o momento poderia ser bom para perguntar-lhe sobre o seu relacionamento sexual. Em muitos casamentos, a vida sexual é um bom termômetro do relacionamento e, geralmente, indica o que está acontecendo entre os parceiros.

— Sexo? — replicou ela. — Ele raramente me procura para sexo. Quando tentamos, ele falha. Já falei várias vezes para ir ao médico e, como sempre, ele concorda. Mas ele faz alguma coisa? Não. É como se não se importasse, nem mesmo com isso. Que tipo de homem é esse? E se a iniciativa for minha, então, é pior ainda. Aí é que ele não funciona.

— Foi sempre assim? — perguntei.

— Não. — Ela ficou um pouco pensativa. — Não. Foi ficando pior. Ele é tão passivo em tudo... Honestamente, algumas vezes acho que me casei com minha mãe.

Essa era a abertura que eu estava buscando, a oportunidade de explorar a dinâmica de sua família de origem e como isso funcionava no seu casamento. Era interessante observar os paralelos e também verificar como a dinâmica era reproduzida no processo terapêutico.

No início, somente Jillian era minha paciente. Nesse período, surgiram algumas correspondências interessantes. A mãe dela era uma mulher dogmática que criticava a filha e nitidamente favorecia o filho, único irmão de Jillian. A mãe reclamava de quase tudo o que ela fazia. Rebaixava-a na família, o que Jillian atribuía, corretamente, ao fato de a mãe preferir, de maneira explícita, o filho.

— Ela sempre me dizia que eu era desorganizada e que estava na hora de me organizar — disse Jillian. — Era ativa na família e na comunidade, e parecia se preocupar conosco — mas só se preocupava quando podia cuidar de tudo, inclusive da minha vida. Ela queria saber tudo o que eu pensava e sentia. E então eu me confidenciava, e o que ela fazia a seguir era espalhar tudo para toda a comunidade. Sempre me senti traída. Mas, como eu era estúpida, na semana seguinte voltava a lhe contar tudo. Ela era bastante controladora! E, ainda assim — e isso é o mais estranho —, era bastante submissa às exigências irracionais do meu pai.

— Irracionais? — perguntei.

— Acredite se quiser. Ele tinha um temperamento explosivo; se voltasse para casa de mau humor, era melhor tomar cuidado. Ele atacava violentamente minha mãe e meu irmão. Ele nunca foi rude comigo, mas eu temia que a qualquer momento isso iria acontecer.

Achei essa observação interessante, e encorajei Jillian a continuar nessa linha de pensamento. Acabou vindo à tona, de modo lento e gradual, que Jillian não tinha uma opinião muito boa sobre si mesma. Ela não se achava brilhante ou capaz, mas sabia que era bonita, e acreditava que esse era seu único atributo. Ela era sexy e atraía os homens, mas nunca permitiu que eles se aproximassem. Tinha medo — e havia um bom motivo para isso. Apavorada com o temperamento violento do pai, vivia com medo de que um dia a raiva dele se voltasse contra ela. Havia conotações sexuais na relação deles, e Jillian se defendeu tornando-se a linda e graciosa garotinha do papai.

Essa constelação familiar foi reeditada na sua relação comigo. Jillian conseguiu descobrir várias coisas sobre minha vida familiar, e queria, nitidamente, se aproximar de mim. Foi bastante inventiva e persistente ao me confrontar com acontecimentos e pessoas da minha vida. Mesmo sabendo que era algo inadequado, ela parecia incapaz de parar o que estava fazendo. Isso se manifestou a partir de algumas questões idênticas às que estavam acontecendo no casamento dela e que representavam uma repetição de sua vida pregressa. Jillian se sentia intimidada por mim e por aquilo que eu sabia dela. Tinha medo de que eu, assim como sua mãe, fosse criticá-la e usar o que sabia para machucá-la. Temia que eu ficasse bravo com ela, e tinha, então, de se mostrar importante para mim. Ao investigar minha vida pessoal, achou que havia conseguido algum poder sobre mim para empatar o jogo. Embora não fosse abertamente competitiva, precisava sentir que mantinha algum controle da situação. E tinha que me mostrar quanto era maravilhosa, apesar de seus sentimentos de inferioridade.

— Ontem, um rapaz muito bonito foi ao escritório e me disse que eu era linda, que devia estar trabalhando como modelo, e elogiou as roupas que eu estava usando.

Quando eu não respondia a tais comentários, ela ficava em silêncio e retraía-se, ressentida. Com o avanço da terapia, ela começou a ter uma preocupação constante com a visão. Sustentava que não conseguia enxergar direito, e que temia estar perdendo a visão. Várias visitas a inúmeros oftalmologistas revelaram que nada estava errado. Ainda assim, ela continuava temerosa

Seria demais afirmar que estavam surgindo questões que ela não queria ver ou das quais não estava se dando conta? Interessante, porque, à medida que nosso trabalho progredia, seu medo de perder a visão foi desaparecendo. Entretanto, algo novo começou a acontecer: ela passou a se irritar, ficar furiosa comigo porque eu estava abrindo seus olhos, e ela não queria isso. Ela não queria reconhecer o papel que exercia na perpetuação dos problemas com Michael, sobre os quais tinha se queixado. Ela não queria ver que era compelida a estar no comando, ser a líder, exatamente o que a mãe tentou ser. Ao ficar no comando, exigindo que Michael "se mexesse e fizesse algo de sua vida", ignorava os próprios sentimentos subliminares de carência e vulnerabilidade. Tinha medo de admitir sua necessidade de proximidade e intimidade, e reprimia tais sentimentos para se convencer de que estava no controle da situação — contudo, às vezes parecia que ela preferia que eu cuidasse dela e resolvesse seus problemas. Na sessão seguinte, geralmente ela se comportava como se não precisasse nem um pouco de mim. Como uma criança, ela não havia feito a transição gradual que a maior parte das crianças faz, da pessoazinha necessitada que suplica e realmente precisa de apoio e o merece, para o adulto independente e assertivo. Na terapia, todas essas contradições eram representadas. Eu significava um sofrimento, porque era um pai para a criança confusa dentro dela, ou eu representava a criança frágil, e ela tinha necessidade de me mostrar que realmente não precisava de mim; ou de ninguém.

Não havia meio-termo em sua vida íntima nem nas demais áreas dela. E eu era aquele que havia posto esse conflito em destaque.

Esse mesmo conflito era constantemente representado no casamento. Ela reclamava que Michael não fazia o suficiente para tomar conta dela, enquanto, em outras ocasiões, não aceitava coisa alguma que ele fizesse.

Esse conflito entre superdependência e independência reproduzia-se também na área sexual. Ela podia ser sedutora quando quisesse e decidir até que ponto as coisas avançariam. Permitia a intimidade somente até o ponto em que Michael começava a sentir que estava funcionando sexualmente, e então ela o sabotava. (Ela estava no controle.) Jillian podia humilhar Michael por sua falta de iniciativa e seu fracasso no desempenho sexual. (Ela estava no controle.) Assim como em todas as outras áreas, quando o marido mostrava iniciativa, seus esforços eram menosprezados e ele desistia. Entretanto, Jillian alimentava fantasias sexuais nas quais era o objeto masoquista do macho sádico e superpoderoso. Assim, reprimia suas fantasias de submissão e de dependência passiva, e extravasava seus impulsos mais agressivos, controladores e sádico-sedutores.

Essencialmente, o contrato não escrito aqui era de tal ordem que Jillian poderia amar um homem que aparentasse ser bem-sucedido e importante na comunidade, uma pessoa que não seria criticada ou considerada desprovida de algo. Ao mesmo tempo, precisava defender-se, estando no controle sem demonstrar suas vulnerabilidades, evitando intimidades que poderiam expor seus desejos de submissão. Ela sabotava todas as situações nas quais ansiava, conscientemente, por um parceiro que fosse bem-sucedido, autoconfiante e ativo. Contudo, se isso acontecesse, ela estaria violando seu papel no contrato. Ela precisava afastar a figura da mãe crítica e dogmática que se submetia ao marido. Precisava afastar o pai hostil, raivoso e grosseiro. A repetição, aqui, estava em Jillian assegurar-se de que não estaria na posição em que estivera na sua família de origem, fazendo justamente o contrário. Tinha que estar além da crítica, tinha que estar no comando. A vulnerabilidade e a carência tinham que ser evitadas a qualquer custo.

Mais uma vez, tudo isso foi reproduzido na relação terapêutica. Ela buscava minha aprovação demonstrando que era uma pessoa ocupada, que fazia coisas maravilhosas no escritório onde trabalhava, quais iniciativas havia tomado, e enaltecendo a si mesma à custa dos outros, especialmente do marido.

Finalmente, em virtude da grande dedicação de Jillian e do sucesso da relação terapêutica, às vezes bastante difícil, seus olhos se abriram e ela foi capaz de perceber o que estava acontecendo e tomar algumas decisões. Deu-se conta de que estava sabotando oportunidades de uma vida mais satisfatória. Agora, ficar com Michael era uma questão de escolha, e não uma necessidade. Havia alternativas para ela.

Enquanto isso, qual era o papel de Michael no processo? Com o nosso incentivo, meu e de Jillian, ele começou a fazer terapia com um excelente profissional recomendado por mim. Michael frequentou regularmente as sessões agendadas, mas, após vários meses, parecia, tanto para ele quanto para seu terapeuta, que não estavam fazendo progresso. Naquela época, eu estava com um bom grupo de terapia em andamento e sugeri que talvez pudesse ser do tipo adequado para Michael trabalhar alguns de seus problemas. No mínimo, ele poderia perceber, em um ambiente estruturado e seguro, como era visto por outras pessoas, e não apenas por Jillian.

E assim, por certo período, Michael trabalhou tanto com o grupo quanto comigo individualmente. Foi aqui que os antecedentes de Michael, sua história e a concepção que tinha de si mesmo puderam ser nitidamente compreendidos. Talvez o que mais contribua para a percepção que um homem tem de si mesmo seja a percepção de seu pai, desde a primeira infância. Rapidamente, tornou-se óbvio que, enquanto Jillian se casara com um homem que era, na verdade, a antítese de seu pai, Michael se casara com o próprio pai ao escolher Jillian. O pai dele era um homem imaturo, inseguro e preocupado consigo e com os negócios, tentando constantemente parecer mais importante do que de fato era. Ele fez questão de mostrar a Michael que acreditava que o filho nunca seria capaz de atender às suas expectativas e que jamais seria tão bem-sucedido quanto ele. Michael estava destinado a ser uma decepção para o pai, que aproveitava todas as oportunidades para se certificar de que o filho soubesse disso.

Alguns filhos reagiriam agressivamente a tal tratamento. Michael, entretanto, nunca enfrentou o pai, e isso se tornou evidente praticamente desde nosso primeiro encontro. A única expressão de ressentimento manifestada em palavras foi: "Eu nunca quis ser como meu pai. Eu não quero me parecer com ele. Não quero agir como ele. De maneira alguma!" A falha de orgulho pelo outro era recíproca.

— Meu pai me dizia, desde criança, que eu seria um fracassado na vida, que não conseguiria fazer nada direito — disse Michael em um de nossos primeiros encontros. — Nunca tive nenhum apoio ou incentivo de sua parte. Não importava o que eu fizesse, pois nada seria bom o suficiente. Ele esperava meu fracasso, antes mesmo de eu tentar qualquer coisa.

— Mesmo quando você era pequeno? — perguntei.

— Desde criança — disse, assentindo com a cabeça. — Fui muito intimidado por ele. Sempre me era mostrado quanto eu era imprestável e estúpido. Chegou a um ponto em que eu fazia qualquer coisa para não ter que ouvir isso. Lembro-me de quando caí da árvore e quebrei a perna. Eu tinha uns 6 anos. Foi muito angustiante. Mas não contei nada para meu pai, nem para minha mãe. Sabia que meu pai iria me dizer que eu era um imbecil. Finalmente, dois dias depois, quando não conseguia mais suportar a dor, não conseguia nem mesmo andar, eles perceberam que algo estava errado e me levaram ao médico. Eu havia fraturado a perna.

— E o que aconteceu depois disso? — perguntei.

— Meu pai disse que eu era imbecil e desajeitado — contou, dando de ombros. — E ainda ficou furioso por eu ter escondido o fato por dois dias.

Sim, eu podia imaginar como tudo havia acontecido. O pai não fazia ideia de que tinha preparado o terreno para o filho se tornar tão medroso, a ponto de não conseguir nem confidenciar sua dor para ele.

— Então você desistiu? Nem ao menos tentou? — perguntei.

— Bem, não, eu tentei. Por um tempo. Tentei conquistar desesperadamente sua aprovação. Lembro-me de quando eu estava no ensino médio e estudei muito para entrar em uma boa escola. Era uma escola tradicional. E consegui.

— E?

— Ele disse que não poderia pagar. E, então, fui para uma escola pública.

— E ele poderia pagar? — perguntei.

Michael deu de ombros e depois assentiu com a cabeça.

— Talvez. Quero dizer, nós poderíamos. Talvez tivesse sido difícil. Mas eu estava disposto a trabalhar e a ajudar. Eu sempre estava disposto a trabalhar duro.

— Por que você acha que seu pai fez isso com você? — perguntei.

Michael deu de ombros. Sorriu. Por um longo tempo, ele não disse coisa alguma. Eu deixei o silêncio continuar, na esperança de que, assim, Michael experimentasse e descobrisse algum indício do que estava subjacente. Em vez disso, o silêncio prosseguiu.

O silêncio, como já foi observado, pode ser uma ferramenta importante no processo terapêutico. Nesse momento, o paciente geralmente se lembra de acontecimentos, e, mais que isso, sente as emoções que estão associadas a eles. Se o terapeuta está sintonizado, é compreensivo e deixa o silêncio prosseguir, muitas coisas podem ser descobertas; ele pode ver lágrimas se formando, pode ter um vislumbre de algo tão sutil como um meneio de cabeça. E uma simples pergunta ou afirmação pode liberar ou aliviar o que foi descoberto. "Você parece estar com medo", ou mesmo "Em que você está pensando?" pode ser uma abertura, e o paciente consegue reviver e liberar aquelas memórias profundamente dolorosas e inconscientes.

Isso não aconteceu com Michael. Ele parecia bastante satisfeito com o silêncio. Eu podia ver que não havia coisa alguma emergindo; nenhuma raiva, nenhuma lágrima, sequer um sinal de hostilidade. Era somente uma maneira patética de esperar, uma sensação de que nada, realmente nada importava. Logo percebi que nossa relação terapêutica havia se transformado, rapidamente, na repetição do que havia sido com seu pai na infância. Michael respondia com um dar de ombros, com silêncio, a qualquer desafio ou questão que pudesse elucidar sua situação. Para ele, qualquer coisa que fizesse ou tentasse seria um fracasso. Então, para que tentar? Por que se preocupar? A solução que encontrou para o dilema foi se afastar emocionalmente, não ter noção de seus verdadeiros sentimentos.

Fiquei sabendo, então, que Michael havia feito terapia uma vez a pedido de Jillian e que não tinha chegado a lugar algum. Parecia que dessa vez, comigo, ele também estava determinado a fracassar, a sabotar qualquer progresso ou compreensão maior de si mesmo. Ele era uma pessoa agradável. Porém, não iria se submeter a qualquer coisa que fosse. Ficou nítido para mim que Michael estava deprimido, apesar da aparente cordialidade. E a razão disso era a raiva, o rancor. Sua raiva foi introjetada. Ele não se permitia expressá-la, ou mesmo vivenciá-la. E, então, descarregava a raiva sobre si mesmo. Ele se safava das situações que o deixavam furioso, desenvolvendo defesas passivo-agressivas. Quando era solicitado a fazer uma autoanálise, ele escapulia. E assim as coisas prosseguiram. Eu achei — esperei — que fosse mudar. Usei todos os dispositivos terapêuticos que conhecia. No entanto, as coisas só pioraram: Michael não se fechava mais em silêncio, ele passou a fazer algo pior — concordava comigo. "Sim, posso ver isso." "Sim, isso é verdade." "Sim, entendo o que você diz." "Posso entender como seria isso." Era, porém, tudo da boca para fora. Se fosse real, ele não agiria assim.

Fora do consultório, descobri que ele tinha outras maneiras de negociar sua passagem pela vida. Ajudava e cooperava com as pessoas, especialmente se lhe fossem destinadas tarefas domésticas ou técnicas, mais como uma forma de se livrar delas do que como um desejo de ganhar aprovação ou buscar elogios. Ele nunca dizia "não", estoica e relutantemente aceitando as demandas que recebia. Entretanto, de modo geral, sua concordância nada significava. Ele adiava as coisas, preso em um perfeccionismo paralisante. Conseguia realizar pouca coisa. (Lembre-se de que ele não conseguia nem trocar uma lâmpada.)

Contudo, inversamente, mantinha-se envolvido em tarefas nas quais era bom e que lhe agradavam. Isso era ilustrado no seu relacionamento com Jillian, para quem ele se tornou um faz-tudo. A admiração dela por ele era fundamentada no fato de Michael ser um bom faz-tudo, ou alguém sensível.

"Jillian teve um problema com o seu computador no escritório e me chamou. Fui até lá e, rapidamente, consegui consertar e deixá-lo funcionando. Ela ficou muito contente, e o seu chefe também. Me senti bem com isso."

Então ele tinha êxito em coisas pequenas, insignificantes. Nas principais áreas da vida, no entanto, não conseguia defender-se. Não exigia coisa alguma para si ou procurava ser recompensado por seus esforços. Sentia-se prejudicado, impotente e inadequado, e achava que qualquer coisa que fizesse não daria certo.

A discrepância observada anteriormente entre as fantasias de submissão de Jillian e seu comportamento sedutor-sádico era complementada na relação com Michael. As fantasias sexuais dele eram repletas de temas agressivos e sádicos, mas ele externava apenas a parte submissa e passiva. Elas representavam os desejos reprimidos e inibidos que não poderiam ser expressos abertamente. Se Michael tivesse tido acesso à sua raiva, experimentando-a e expressando-a, talvez tivesse conseguido solucionar seu dilema. Sua raiva poderia ter sido controlada e utilizada produtivamente a seu favor, e ele poderia ter sido muito bem-sucedido.

Comentei com Michael em diversas ocasiões: "Parece que você está muito zangado, mas para você é difícil assumir isso. Você está descarregando sua raiva em si mesmo, achando que sempre vai ser derrotado, não importa o que diga ou faça."

Michael sempre balançava a cabeça e dizia: "Certo. Certo." Ele concordava, mas não fazia coisa alguma. Para ele era muito perigoso e muito arriscado fazer o que quer que fosse.

O torpor e a frustração de Michael podiam ser comparados à minha paralisia e frustração como seu terapeuta, não apenas nas sessões individuais, mas também, posteriormente, nas sessões em grupo. Acreditei que, em meio a outras pessoas, Michael teria uma ideia mais nítida de como era percebido não apenas por mim ou Jillian, mas por um grupo de indivíduos sensíveis que queriam ajudar e ser ajudados. Contudo, ali também, Michael frustrou todas as tentativas. Fazia corpo mole, prendia-se a detalhes e desperdiçava os esforços para tentar demovê-lo da posição em que se encontrava. Lidava com os assuntos como se andasse em círculos, minando meus esforços e os do grupo. Os membros mostraram-lhe o que ele estava fazendo e expressaram sua frustração por ele não ajudar a si mesmo. Isso adiantou? Não. Ao contrário, para Michael foi apenas mais uma indicação de que ele era um fracassado. Isso também foi dito a ele, mas sem proveito algum.

Foi doloroso participar disso —, ver que Michael, com todo o seu potencial não realizado, se colocava em situações que perpetuavam seus problemas, minando os esforços para efetivar mudanças. Foi doloroso observá-lo agindo como se estivesse atendendo a seu pai, sabotando o tratamento, como sabotou outros aspectos de sua vida. Para a maior parte dos homens, chega uma época em que é preciso enterrar simbolicamente o pai, guardar luto por sua passagem e, então, seguir em frente. Michael não conseguiu fazer isso. Manteve o pai vivo por meio de seu comportamento de autossabotagem.

Assim como Jillian escolheu se casar com Michael porque ele não a ameaçava com sua raiva, assegurando-lhe que não iria criticá-la nem a humilhar, Michael também escolheu se casar com Jillian. Ela o manteria em um estado de impotência e o protegeria de desafogar sua raiva. Michael sabia com quem estava lidando dentro do relacionamento, da mesma forma que estava familiarizado com a relação que manteve com o pai. Por mais doloroso que fosse, era algo já conhecido, e ele não podia querer mais que isso. Grande parte da vida de Michael foi devotada a evitar confrontos e desviar-se deles, pois poderiam deflagrar a expressão de sua raiva, porque ele tinha muito medo da emergência desse ódio. Jillian inconscientemente impôs limites para que ele experimentasse algum sentimento de força ou confiança. Ela o abatia assim que ele acordava — começava a falar. Michael provou a si mesmo, com esse relacionamento, que seu pai estava certo, que ele realmente era um fracassado, um desajeitado.

Além disso, ao repetir a relação traumática paterna com Jillian, ele tentava amansar a fera. Tentava ganhar aprovação, mesmo sabendo que seus esforços seriam em vão. Inconscientemente, estava tentando ter algum controle da rejeição, mas provando a si mesmo de forma contínua que isso nunca aconteceria. Michael estava preso a uma repetição de autossabotagem. Sua admiração por Jillian e suas conquistas representavam sua identificação vicária com o agressor, sem colocar-se em risco.

Entretanto — e isso ficou cada vez mais óbvio à medida que eu trabalhava com Michael —, com o seu comportamento ele também estava provando algo mais. Estava negando ao pai e a Jillian o bom resultado, para que não se sentissem orgulhosos dele. A seu modo, ele comunicava que era, basicamente, uma pessoa capaz, que poderia fazer mais do que fazia, mas, mesmo sacrificando-se, não daria a eles satisfação alguma. A rejeição era uma coisa que ele conhecia, e algo com que estava familiarizado.

E, assim, no fim, Michael preferiu continuar vivendo com isso, em vez de aproveitar a oportunidade para fazer mais por si, apenas para acabar fracassando. A despeito de todos os nossos esforços — os dele, inclusive —, Michael não iria abdicar da posição em que fora colocado pelo pai, a posição que acabou escolhendo para si.

E, então, o que aconteceu com esse casamento? Foi uma história com um final feliz?

Sim.

E não.

Há momentos em que os conflitos e traumas que ocorrem na nossa infância são tão fortes que não podem ser desfeitos. A consequência disso é que algumas pessoas, como, por exemplo, Michael e Jillian, fazem concessões que limitam seu potencial, mas que estão dispostas a aceitar. Elas se acomodam em vez de partir para uma batalha que exigiria muito esforço. Há, por vezes, uma consciência de que os ganhos em manter o status quo são maiores que o preço pago pela mudança — porque mudança também significa revolução. Porém, o ponto importante é: há uma grande diferença entre estar em situações difíceis que ocorrem sem que a pessoa tenha consciência do que está acontecendo e reconhecer que há alternativas e que é possível efetivar mudanças em comportamentos de autossabotagem. A diferença, a diferença vital, é o reconhecimento. Freud escreveu: "Na verdade, eu sempre soube disso; só não era algo que me passava pela cabeça."[1] Não é, senão, outra maneira de falar sobre todos esses contratos não escritos, inconscientes.

Jillian poderia ter mudado a sua situação se estivesse disposta a aceitar as consequências. Ela escolheu não romper o casamento e a vida familiar, apesar das limitações. Teve oportunidade de ver-se livre do matrimônio com um marido atraente, honesto, atencioso — embora passivo — e encontrar um homem mais incisivo e agressivo. Escolheu a primeira opção. Aceitou Michael como ele era e parou de provocá-lo e humilhá-lo.

Em uma de nossas últimas sessões, ela disse:

— As coisas com Michael não vão mudar. Tentei várias vezes e talvez tenha tornado as coisas piores, perturbando-o para que fizesse mais coisas e se impusesse, e afastando-o quando ele tentava se aproximar. Mas agora sei que ele não vai mudar. Também não quero deixá-lo. Acho que preciso dele assim, desse modo. Eu realmente o amo, e ele é bom para mim. Seria uma reviravolta muito grande destruir esse casamento depois de tantos anos. Então, é assim que vai ser e tudo vai ficar bem.

Naquela época, já havíamos passado muitas horas juntos e Jillian progredira consideravelmente. Senti-me confortável para comentar.

— Parece que você precisa dessa relação com Michael assim, como está. Você mudou. Ele tentou mudar. Mas, acima de tudo, ele esteve ao seu lado. Talvez agora, mais consciente, você lide bem com essa situação.

Ela concordou. E, então, o casamento sobreviveu, porque Jillian reconheceu que mudar as condições do contrato não escrito também exigiria um preço muito alto. Teria ameaçado as próprias bases do casamento. Ela não queria isso, e estava disposta a enfrentar as consequências. Era uma decisão consciente baseada em anos de trabalho árduo de psicoterapia. O resultado foi que Jillian não agiu por motivos desconhecidos. Ela teve a liberdade de escolher, com base na compreensão de si mesma e da situação.

Procuro dizer objetivamente aos casais que me procuram com dificuldades no casamento que o objetivo da terapia não é salvar ou destruir o relacionamento, mas habilitá-los para se conscientizar do que causou as dificuldades atuais e adquirir mais compreensão de si mesmos.

"Se o fato de se conhecer melhor e avaliar o seu papel na questão melhorar o casamento, ótimo", eu lhes digo. "Mas o divórcio é um risco calculado quando se inicia uma terapia de casal." E sigo com esse cuidado, lembrando-lhes de que não se ganha coisa alguma ao se desfazer um casamento para se casar novamente quando o padrão se repete. E isso é bem comum.

Quantas vezes um amigo ou uma pessoa conhecida nos apresentou seu segundo ou terceiro cônjuge e notamos semelhanças surpreendentes de personalidade entre o novo e o antigo "amor"?

É algo que me fez pensar em Joel.

Joel se casou cinco vezes e divorciou-se quatro. Casava-se, divorciava-se e, assim, casou-se com a mesma mulher duas vezes. Se isso não fosse tão triste, poderíamos rir e afirmar que ele era masoquista.

— Procuro uma mulher calorosa e cuidadosa, e termino com uma mulher fria, distante, dominadora e que me despreza — disse ele, na primeira vez que nos encontramos. — Elas parecem ótimas durante o namoro, mas depois do casamento se transformam. Não são mais as pessoas com as quais eu saía.

Fiquei sabendo que Joel cobria aquelas mulheres com presentes caros, viagens e casas. Ele era o coroa rico. Depois de um tempo, no entanto, começava a achar que estava sendo usado, apreciado apenas pelo que podia oferecer, e recebendo pouco de volta.

— Só sou bom para pagar as contas, mas não recebo nenhuma apreciação ou afeto. Não é como era no começo do relacionamento. E acontece com todas elas — disse.

— E o que a sua esposa fala de tudo isso? — questionei, embora quisesse mesmo perguntar: "O que todas as suas esposas disseram?" Já estava evidente para mim que Joel também estava num grande ciclo repetitivo.

— Ah, que é só isso que eu sei dar. Ela diz que quero apenas dominar, ser o grande mandachuva. Diz que não estou interessado nela como pessoa.

Em nosso segundo encontro, perguntei a Joel se podia trazer sua esposa para uma sessão. Minha intenção não era sugerir uma terapia de casal — Joel enfatizou que não queria isso —, mas saber como a quinta mulher encarava a situação.

— Socialmente, ele é muito atraente, e todos gostam dele — disse ela, um tanto desanimada. — Mas ele não se entrega. Tudo é superficial, tudo é uma questão de troca. Ele não assume abertamente, mas é óbvio que, como tem dinheiro e oferece coisas materiais, espera poder ditar tudo o mais. Sinto que não contribuo em nada, que não sou levada a sério. Todas as minhas preocupações são desprezadas.

— Nem todas — disse Joel, com um sorriso irônico.

Ela o encarou, mas logo depois abriu um sorriso.

Eu entendia por quê. Joel era atraente. Era bem-apessoado. Era um homem espirituoso. Uma vez, veio à sessão com os seguintes dizeres na camiseta: "Minha esposa diz que eu não a escuto. Pelo menos acho que foi isso o que ela disse." A triste realidade, porém, era que ele não a escutava de fato. Não demonstrava amor. Porque, em algum lugar de sua privilegiada criação, foi ensinado a agir assim.

Como foi revelado posteriormente, quando criança, a autoestima de Joel vinha exclusivamente de seus feitos.

Ele era muito inteligente e tirava notas altas no colégio. Era elogiado.

Frequentou uma conceituada faculdade de direito, onde colocava em prática esse talento. Era elogiado.

Além disso, era multitalentoso e um musicista muito bom. Mais uma vez, era elogiado.

Entretanto, seus pais nunca lhe perguntaram como se sentia nem como era a relação dele com os amigos ou professores. Nunca lhe disseram — nem ao menos uma vez, segundo me contou — que o amavam. Ele era elogiado por seus feitos. O que o amor tinha a ver com isso?

Nada. Assim, Joel repetia isso em cada casamento. Empregou a vida na busca desesperada por alguém que cuidasse dele e o amasse pelo que era. Ele queria isso, desejava profundamente. No entanto, não sabia como conseguir. Acreditava que somente conquistaria o amor se demonstrasse o que podia fazer, as coisas materiais que era capaz de dar. Ele ansiava por alguém que o amasse pela pessoa que era, mas não sabia se entregar. Então, continuava cometendo o mesmo erro, procurando amor por meio de suas conquistas, seu sucesso, seu valor; procurando amor comprando-o, de uma forma ou de outra. Ao perceber que apenas teriam dele bens materiais, as esposas passavam a aceitar e a querer mais e mais, um modo de repor o afeto que faltava. Joel, por sua vez, tinha a sensação de que estava sendo explorado. Isso apenas o convencia daquilo que já sabia — que a única coisa a fazer era dar bens materiais e que nenhuma mulher iria amá-lo por quem era.

Os problemas de Joel eram bons exemplos da sua maneira inconsciente de se relacionar com os outros adquirida dos pais. Ele se identificava com eles, e tratava os outros como sempre fora tratado. Estava tão acostumado a isso que acreditava que as pessoas interagiam com base em feitos e posses. Contudo, Joel era inteligente. Percebeu que algo estava errado, e sua trajetória com as mulheres ratificava isso. E me procurou.

Na psicoterapia, a mudança se baseia, essencialmente, em uma relação participativa, considerável e consistente com o terapeuta; ou seja, levar o processo terapêutico a sério, ligando-se a ele, permitindo que o terapeuta faça parte da sua vida e incorporando mudanças pela internalização do processo. A psicoterapia fornece a oportunidade de você se relacionar com alguém que se importa com você, que busca entendê-lo, que tenta facilitar a mudança na sua maneira de ver a si mesmo e no seu lugar no mundo. A princípio, Joel tentou justificar os constantes atrasos com a apertada agenda. Afirmava sem qualquer escrúpulo que suas viagens de negócios, um fator que interrompia o processo terapêutico, eram muito mais importantes que nosso trabalho e desprezava minhas considerações.

— Vou pagar você pelo seu tempo. Então, por que isso deve ser um problema? — perguntou.

Vou pagar você pelo seu tempo.

Eu já não havia ouvido isso antes, em relação às suas esposas — a todas elas? E, porque os terapeutas são humanos, também me vi reagindo com o mesmo tipo de lamentação interna que sua atual esposa expressou: ele não se entrega. "Tudo é superficial", disse ela. "Tudo é uma questão de troca. Ele não assume abertamente, mas é óbvio que, como tem dinheiro e oferece coisas materiais, espera poder ditar tudo o mais. Sinto que não contribuo em coisa alguma, que não sou levada a sério. Todas as minhas preocupações são desprezadas."

E, assim, devolvi-lhe os sentimentos que fez despertar em mim.

— Você me faz sentir — disse a ele — como se eu pudesse ser comprado e vendido. Como se eu fosse um bem de consumo, e que essa relação é totalmente dispensável. Sim, esta é uma relação que está baseada no pagamento, mas o dinheiro não é a questão. A questão é que você está obstruindo o caminho do que diz querer e precisar. Desprezar esta relação, alegando que você vai pagar por meu tempo, mostra apenas que os relacionamentos podem ser comprados e vendidos. Mostra que os relacionamentos não significam nada para você. E, talvez, este seja o problema no seu relacionamento com as mulheres.

Joel não acreditava no que acabara de ouvir. Usei os sentimentos que ele havia despertado como um termômetro do que provocava nas mulheres e mostrei isso a ele.

Com bons resultados. Talvez porque estivesse disposto a mudar, talvez porque fosse um tanto sagaz, ele começou a ver o que não havia conseguido enxergar ao longo de toda a vida. Ele percebeu, e isso foi a epifania de como conduzia os relacionamentos. Minha revelação mostrou, também, que alguém estava sintonizado e que se importava com ele. Gradativamente, Joel começou a mudar. Tornou-se mais generoso e compreensivo. Passou a haver maior cooperação, maior reciprocidade na terapia e fora dela. O casamento nº 5 — até então — seguia bem.

A necessidade de se proteger e se defender do sofrimento, especialmente depois de tantas mágoas e rejeições, pode sabotar o que queremos. Jay vivia com Martha havia anos. Ambos tinham saído de casamentos fracassados. Jay acreditou que, finalmente, havia encontrado em Martha a mulher calorosa e compreensiva que buscava. Em vez disso, por causa de problemas com os filhos do primeiro casamento, ela se tornou fria, distante e zangada. Parou de se comunicar virtualmente com Jay. O sofrimento foi tão grande que ele não conseguiu continuar sozinho, e, então, veio se consultar comigo.

Quando Martha soube que Jay estava fazendo terapia, sentiu-se extremamente ameaçada. Insistiu que eles tinham que resolver as dificuldades entre si. Jay, entretanto, reconheceu que isso seria impossível, já que Martha se recusava a discutir qualquer coisa com ele. Depois de ele ter comparecido a várias sessões, ela concordou, relutantemente, que participaria de uma com o marido. Durante a sessão, Martha não disse muita coisa, mas pediu que Jay tivesse um pouco mais de calma. Nas semanas seguintes, ele contou que a esposa tinha começado a se abrir e ser mais receptiva com ele.

Entretanto, algumas semanas depois, Jay chegou dizendo que iria deixá-la. Após meses implorando a Martha que fosse mais aberta e generosa, ela estava atendendo a seus pedidos — mas, mesmo assim, ele decidiu pôr fim ao relacionamento.

— Não vejo futuro para nós dois — disse ele.

Perguntei-lhe por que e pedi que pensasse no que estava falando.

Ele pensou por um momento e, então, disse:

— Quando algo começa a dar certo, tenho medo de ser magoado de novo. Fui magoado tantas vezes e por tanto tempo, que não quero me arriscar novamente.

E, isso, depois de Martha ter deixado evidente que gostaria que o relacionamento desse certo, que estava começando a se ver livre de suas barreiras defensivas.

Martha havia se isolado no seu silêncio — e Jay retraía-se inventando as próprias histórias, quando tinha medo de se comunicar. Ele queria proximidade e ternura, mas também tinha medo de magoá-la e não falava abertamente sobre isso. Não a confrontaria com seus sentimentos, especialmente a sua raiva pelo fato de Martha ter rejeitado seus esforços. O relacionamento dos dois era de mãe e filho, em que Jay era compelido a agradar a mãe na esperança de receber amor. Martha era a mãe fria e impassível. Ele reprimia seus sentimentos e retraía-se por conta disso, enquanto se afastava mais e mais da esposa. Finalmente, quando ela estava pronta a se tornar acessível, Jay havia criado tanta raiva e tantas defesas que ia lhe dar um pontapé — vingar-se — e desperdiçar a possibilidade de resolver a situação.

Esse relacionamento aponta para outro problema — como os indivíduos reagem ao trauma. A interrupção na comunicação, apresentada de modo tão comum como a causa de problemas nos relacionamentos, é, na realidade, parte da estrutura de defesa em resposta ao trauma. Não é apenas uma interrupção na comunicação verbal, mas na emocional também. Há um entorpecimento dos sentimentos e da sensibilidade. Se você não estende a mão para mim, por que eu devo estender a minha para você? O resultado é que a relação se baseia em tentativas, na qual cada indivíduo sente necessidade de pisar leve, para evitar qualquer situação incômoda ou real. Com medo de represália, medo da própria raiva, a tendência é isolar-se, calar-se tanto verbal quanto emocionalmente.

"Ela não fala comigo" é uma queixa comumente ouvida. "Vivemos como dois navios passando pela noite." Esse estado de alienação é baseado no medo de que o cônjuge se irrite se o outro expuser seus sentimentos. Esse medo também é expresso em termos de fragilidade: "Não posso dizer nada, porque ela vai desmoronar. Ela é tão sensível..." Então o distanciamento continua, e fica cada vez maior.

Não expressar sentimentos e reações em palavras, por sua vez, leva a pessoa a não expressar sentimentos em comportamentos e reações emocionais. "Por que eu deveria dizer como me sinto? Ele não vai me ouvir. Não vai fazer a menor diferença." "Não consigo falar com ela. Ela faz ouvido de mercador." Esses são os refrões de relacionamentos terminados por conta do medo e do afastamento, um estado de resignação baseado em mágoas sucessivas.

É algo que pode mudar? Poderia mudar no caso de Jay e Martha? Se um dos parceiros arriscar seus medos e reconhecer que a frieza é em prol de evitar a agressão ou a possibilidade de se magoar, então a barreira do silêncio pode começar a ser rompida.

Jay chegou a uma sessão dizendo: "Eu disse a ela que não posso ler sua mente. Se ela não disser o que está sentindo ou pensando, não tenho como saber."

Esse é o tipo de resposta que pode levar à mudança. Esse é também o tipo de reação inconcebível no meio de impasses emocionais. É necessário reconhecer que o medo da raiva e da fragilidade são aprendizados trazidos de relacionamentos traumáticos anteriores.

Ela não é minha mãe, que praticamente desmaiava se eu lhe respondesse.

Ele não é meu pai, que me fuzilava com os olhos se eu expressasse meus sentimentos.

Ao alcançar esse reconhecimento, é possível mudar os relacionamentos atuais — a menos, é lógico, que alguém tenha se casado inconscientemente com um parceiro que seja muito parecido com o pai ou com a mãe!

A compulsão à repetição é uma forma de traduzir em ação um trauma por meio de um comportamento destrutivo, embora quase sempre o indivíduo não tenha noção de que é exatamente o que está fazendo. Além disso, "supradeterminado" é o termo que usamos quando tal comportamento destrutivo é induzido por uma infinidade de fatores dos quais o indivíduo não tem consciência. Isso ficou tão evidente quando Louis veio ao meu encontro que até ele deve ter tido algum sinal do que estava lhe acontecendo. Talvez, embora eu acredite que Louis teria negado isso naquela época, interiormente ele sabia que alguma coisa que fugia ao seu controle o estava conduzindo.

Quando conversamos pela primeira vez, fiquei sabendo que Louis estava casado havia dez anos e que tinha acabado de se decidir pelo divórcio. Contratara um advogado e estava tomando as medidas necessárias para pôr fim ao casamento. Não queria discutir ou examinar o que o havia levado a essa decisão. Simplesmente sabia que tinha que se divorciar, e, embora tivesse me procurado para uma orientação, enfatizou bastante que estava rompendo o casamento. Havia se tornado sufocante.

Então, se o problema não era o matrimônio, por que tinha ido ao meu consultório?

Bem, havia outras questões. E, enquanto eu recolhia informações sobre seu histórico, pude perceber que o pai de Louis saíra de casa quando ele era pequeno, abandonando-o, juntamente com sua irmã e a mãe. Fui informado também de que, além do pai, seu avô paterno havia feito a mesma coisa com sua família quando o filho era pequeno. Agora Louis estava prestes a repetir o padrão. Seria mera coincidência, ou haveria algo mais insidioso em andamento? Eu não podia deixar de pensar que o que Louis estava interpretando era: "Meu avô deixou sua família; meu pai deixou sua família; eu tenho que deixar minha família."

Será que essa decisão se baseava na sensação de que, já que o casamento tinha que terminar, então seria melhor que ele acabasse logo com tudo? Por que esperar? Aqui seria possível argumentar que, de fato, essa compulsão não se baseava em um impulso de repetição, mas em fatos, já que havia problemas naquele casamento, e o maior deles parecia ser sua esposa, Virginia, controlando-o constantemente. Afinal, quem quer se sentir constrangido, fiscalizado, monitorado o tempo todo?

Contudo, o que estava realmente acontecendo? Era esse o cerne da questão? Embora, a princípio, se mostrasse relutante, gradativamente Louis foi se sentindo confortável para explorar pelo menos alguns aspectos do seu casamento. Ele estava especialmente irritado com a esposa, Virginia, que o fiscalizava constantemente, ligando para o seu trabalho, querendo saber onde ele tinha ido e o que havia feito, exigindo satisfação todas as horas do dia. Ele se sentia sufocado. Queixava-se de não ter tempo para si mesmo, de estar sob constante vigilância, e queria desistir do casamento. Eles tinham um filho, e ele se sentia assoberbado de responsabilidades.

— Nem pescar eu posso! — disse. — Quando vou, Virginia reclama que estou sendo negligente com ela e com o bebê. E o fato de ficar me vigiando está me cansando.

— Por que você acha que ela o vigia assim? — perguntei.

Louis deu de ombros. Ele não tinha a menor ideia. E, no entanto, conforme conversávamos, ele começou a revelar que nem sempre era honesto com ela. Mentia dizendo que ia direto para casa, e havia noites em que nem voltava. E, o pior, recusava-se a prestar contas daquelas ausências a Virginia. Será que Louis era tão tacanho que não percebia que ele mesmo estava provocando aquele tipo de reação na esposa?

É óbvio, era natural perguntar o que havia acontecido quando o pai de Louis o abandonou ainda criança, e Louis me pareceu feliz em falar disso, aliviado, até. Disse que a mãe havia, naturalmente, se sentido abandonada. Entretanto, ela também (de modo bastante incomum, pensei) fez questão de incutir em Louis que ele deveria se valer daquilo para se tornar um bom filho. Ela e Louis odiavam o pai por tê-los abandonado, e esse sentimento de rejeição serviu para uni-los. Foi então que Louis percebeu que precisava assumir o papel do pai, confortando e ajudando a mãe. Ele fazia o que ela queria e, frequentemente, privava-se do divertimento e da liberdade que seus amigos desfrutavam. Quando ele queria ir a um jogo de futebol, a mãe repentinamente ficava doente e precisava dele em casa. Se fosse passar a noite na casa de algum amigo, ela lhe dava uma tarefa para cumprir naquele mesmo momento. Mesmo quando a rajada de vento era fraca, ela tinha medo de que faltasse luz e tivesse que ficar sozinha no escuro. Louis sempre se mantinha longe do divertimento e perto da mãe. Ele salientou que somente se sentia livre quando ia para a faculdade.

E, então, Louis se casou e ele e Virginia tiveram um filho. Imediatamente, ela ocupou o lugar daquela mãe indecisa, sufocante e chantagista. De fato, a esposa tornava-se cada vez mais desconfiada dele, mas comecei a perceber que sempre havia um motivo. E, por isso, Louis queria acabar com o casamento. Era difícil para ele aceitar, mas, depois de um tempo, quando achei que já tínhamos estabelecido uma boa relação, sugeri que a questão não era o fato de o matrimônio sobreviver ou não, mas de se sentir sufocado. Sinalizei que ele passaria por uma série de casamentos, sentindo-se oprimido e querendo largar tudo.

Louis não argumentou. Porém, estava evidente por sua postura, seu silêncio e, mais ainda, por sua reação que ele não concordava. Começou a perder as sessões e/ou cancelá-las no último minuto. Sempre havia uma razão: um cliente na Ásia precisava de um projeto imediatamente e ele tinha que viajar para lá. O chefe precisava dele para fazer uma apresentação, pois somente ele estava habilitado para aquela tarefa. Pelo menos duas vezes interrompeu o tratamento porque não sabia quando retornaria do Extremo Oriente — disse que poderia se demorar por lá. Depois de algumas semanas, no entanto, ligava para marcar um novo atendimento. Estava sempre se desculpando por algo. Mas... Mas... Mas não aparecia.

Louis sabia que Virginia queria que ele viesse às sessões e que ela checaria se ele estava ou não vindo. Ele procurava se vingar desistindo das sessões, uma forma de se manifestar contra o tratamento sufocante que julgava receber da esposa. No entanto, isso não era tudo. Ele também se sentia sufocado e oprimido por ter que manter um compromisso comigo. Quando os sentimentos mais perturbadores foram trazidos à tona, expressos em sonhos, ele começou a faltar às sessões.

Expliquei-lhe que ele estava agindo na terapia como agia em casa.

— Seu pai abandonou você e sua mãe, e você se sente obrigado a fazer o mesmo. Se você quer se divorciar de Virginia depois de resolver essa sua compulsão ao abandono, cabe a você decidir. Mas, aí, eu espero que você deixe a sua família não porque foi obrigado, mas porque realmente quis assim. Contudo, nesse momento, o impulso de partir e a necessidade de sabotar esse casamento são muito intensos.

Louis franzia a testa. Comecei a perceber, no entanto, que estava ouvindo. Já foi dito que o principal instrumento para frear a compulsão à repetição e transformá-la numa lembrança está no manejo da transferência[1]. Tornamos a compulsão inofensiva, e até útil, dando a ela o direito de se expressar num campo específico. E, nesse campo, Louis e eu estávamos, ainda que com certa hesitação, progredindo. Louis teve uma série de sonhos e recordações sobre a partida do pai e também sobre suas explosões de raiva antes de abandoná-los. Lembrou-se dos insultos degradantes e humilhantes que o pai despejava sobre ele e a mãe, e de como ficava magoado.

Contudo, nunca percebeu ou sentiu a conexão entre seus sentimentos e impulsos em relação a Virginia e o comportamento prejudicial do pai. Também não fez conexão alguma do seu modo de reagir a Virginia com a raiva pela mãe dominadora e sufocante. Tudo estava lá para ser percebido. Contudo, levou um longo tempo.

Gradativamente, no entanto, Louis começou a mudar. O processo terapêutico foi longo e difícil. Havia momentos em que ele se sentia sufocado — tanto por mim quanto pela esposa. Entretanto, ao se dar conta do que estava acontecendo, de que ele era o causador daquilo — e por que —, começou a enxergar a situação. Não havia mais necessidade de arrumar problemas com a esposa. Ele estava lidando com Virginia — não com a mãe. Não era mais necessário testar sua liberdade de ir e vir. Ele estava lidando com sua esposa, não com o pai desertor. E, quanto a Virginia, embora tivesse problema para

1 Apontado por Freud como um meio de dominar a compulsão pela repetição, o manejo da transferência tem o propósito de mostrar ao paciente que o sentimento por ele experenciado no presente origina-se no passado, e é para o passado que deve ser reconduzido. [*N. da E.*]

confiar nele, ela percebeu, como Louis, que levaria algum tempo para que as feridas cicatrizassem.

Esse casamento chegou perto do fim. Houve uma separação, advogados foram mobilizados para tratar do divórcio, mas agora Louis estava disposto a lidar com o problema. Ele podia discutir o assunto se sentisse que a mulher o estava vigiando sem razão. Mesmo estando atarefado, comparecia às sessões.

Voltava para casa toda noite e sentia prazer em passar mais tempo com a esposa e o filho. Quando as tensões surgiam, Louis dizia: "Se esse desentendimento fosse seis meses atrás, eu sei o que teria feito. Teria perdido a cabeça, me enfurecido e passado a noite em um hotel sentindo-me totalmente bem pelo que estava fazendo. Percebo agora que essa não é a melhor maneira de lidar com as discussões."

Mudanças dessa natureza vêm lentamente, mas, quando Louis começou a assumir sua participação nos problemas do casamento, não precisou mais reeditar o trauma da deserção do pai. Não sentiu mais necessidade de fugir das dificuldades.

Como foi dito anteriormente, a repetição de experiências traumáticas é baseada antes na sua expressão por meio de comportamentos manifestos do que na lembrança do trauma e dos sentimentos que o acompanharam. Quanto mais Louis se lembrava da dor de ter sido abandonado e da humilhação provocada pelo pai, menos sentia necessidade de repetir tais coisas em sua vida adulta.

Capítulo 3

Repetição de comportamentos na criação dos filhos

Não é novidade que uma boa criação é vital para gerar filhos emocionalmente saudáveis. No entanto, isso é tão difícil de alcançar quanto de definir. O que é saudável? O que é bom para as crianças? Há muitos tipos de assistência paterna. Então, quais deles são bons e quais são prejudiciais?

Alguns pais vêm de um ambiente familiar de intolerância e desarmonia. Outros, de um meio empático e compreensivo. Ambos, indubitavelmente, foram educados pelos próprios pais. Será que eles poderão se transformar em pais saudáveis?

Há muita coisa envolvida nessa questão. Os pais podem divergir na capacidade de ver os filhos como indivíduos que estão se tornando adultos. Alguns podem interpretar o comportamento deles como parte de uma experimentação no processo de crescimento. Essa abordagem aberta e liberal pode se basear no desejo de vê-los se transformarem em adultos independentes e autoconfiantes. Tais pais sabem que os filhos cometerão erros e aceitam essa possibilidade, enxergando-a como parte do processo de aprendizagem, permitindo-os, assim, que se preparem para tomar as próprias decisões. Às vezes, de uma maneira nem tão saudável, esses mesmos pais podem ficar relutantes em estabelecer limites, pelo medo de reprimir a espontaneidade e a imaginação da prole.

Outros pais precisam supervisionar todas as ações dos filhos para se certificar de que eles aprenderam "a maneira correta de fazer as coisas". Acreditam que é seu dever incutir padrões e valores semelhantes a eles. Às vezes, exigem total aquiescência dos filhos, até na forma como repartem o cabelo ou escovam os dentes. O lar é administrado com eficiência e, possivelmente, de modo coercitivo. Acreditam que a vida é feita de obrigações e exigências. Se você acender a luz, então você terá que desligá-la; se você dormiu na cama, então deverá arrumá-la ao se levantar etc.

Em vez de encarar tais cenários como certos ou errados, bons ou maus, é importante enxergá-los como um reflexo do modo que os pais foram criados e de suas crenças. Ambos podem funcionar, embora eu acredite que um deles seja infinitamente mais favorável à natureza das crianças que o outro. Ambos podem gerar crianças saudáveis se mensagens consistentes forem transmitidas. É a inconsistência que causa confusão e encoraja a manipulação e o desencaminhamento. A mãe e o pai concordam com o padrão estabelecido? Eles comunicam mensagens semelhantes aos filhos? Eles estão de acordo e se apresentam a eles como uma força única? Em caso positivo, tudo então vai bem.

Contudo, se, ao contrário, as crianças são expostas às inseguranças, dúvidas e confusões dos pais, então é quase certo afirmar que elas herdarão algumas delas. Se houver conflitos não resolvidos entre os pais e os avós da criança, e se esses conflitos estiverem sendo reeditados na relação com ela, temos, especialmente, uma receita de problemas.

Marty tinha 12 anos quando o conheci, um brilhante aluno do oitavo ano, que havia sido forçado pelos pais ("coagido" seria, talvez, a palavra certa) a ter algumas sessões comigo. Parecia que toda a sua vida — amigos, escola, atitudes, tudo — estava sob contínua alteração, eletrizante como uma montanha-russa. Durante semanas, e até meses, ele fazia o dever de casa e os trabalhos escolares devotado e com seriedade, e obtinha notas altas. Seus amigos eram, na maioria, crianças estudiosas e bem-comportadas. Em outras ocasiões, Marty faltava às aulas. Tornava-se agressivo e negativo. Desligava-se dos bons amigos e associava-se a marginais, envolvidos com drogas, criadores de problemas. Depois de algumas semanas agindo desse modo, voltava novamente a estudar, se encaminhar para as coisas boas que era capaz de fazer, enturmando-se com seus velhos e bons amigos — até que o processo em espiral descendente se iniciasse.

Seus pais já tinham tentado tudo o que conheciam para mantê-lo ou fazê-lo voltar aos trilhos: orientadores educacionais, tutores e medicação — que Marty se recusava, agora, a tomar. Levaram Marty a inúmeros terapeutas antes de vir ao meu consultório. Nada parecia funcionar; quando o trouxeram até mim, ele havia mudado completamente o comportamento — da eletrizante montanha-russa, estava, agora, cabisbaixo, em uma grave espiral descendente.

Eu me encontrava com os pais dele e fiquei sabendo de tudo isso; também fui informado de como Marty havia se tornado hostil. E, já que ele estivera com outros terapeutas, também supus que, se concordasse em ver Marty, eu estaria diante de um formidável opositor, alguém que havia, obviamente, derrotado todos os esforços anteriores para ajudá-lo. O que eu poderia oferecer que ninguém mais fora capaz? Certamente, não me considerava infinitamente mais talentoso e sábio do que qualquer profissional de minha área. Entretanto, de fato, tinha certo grau de habilidade, e muita experiência, e acreditei que conseguiria dedicar-me a esse caso com alguma empatia. E aqui havia uma criança precisando de ajuda. Eu faria o meu melhor.

No entanto, quando chegou a hora de atender Marty, eu não estava preparado para a intensidade de sua raiva como achei que estivesse. Era uma tarde de inverno quando nos encontramos em meu consultório, sem seus pais, somente nós dois. Ele se estatelou na cadeira em frente à minha, cruzou os braços e as pernas e fechou a cara para mim.

— Vim contra minha vontade — disse ele. — Não preciso disso. Já fui a vários "especialistas" e a psiquiatras idiotas como você. Todo mundo só se preocupa com minhas notas, meus amigos. É a minha vida! Então me deixem em paz! É tudo o que tenho a dizer a você. Não vou dizer mais nada. E, se meus pais querem desperdiçar o dinheiro deles, o que eu tenho a fazer é me sentar aqui e desperdiçá-lo.

Bem, em alguns casos, como é sabido, o silêncio pode ser uma importante ferramenta psicoterapêutica. Contudo, evidentemente, este não era o caso. E, assim, rapidamente assegurei-lhe de que não queria que ele viesse à terapia se esse não fosse seu desejo. Também lhe disse que não me importava com suas notas nem com suas realizações no colégio, ou com qualquer outra coisa que estivesse preocupando seus pais.

— Ah! — exclamou ele. E revirou os olhos. — Então o que eu estou fazendo aqui?

Normalmente, essa teria sido uma ótima oportunidade de perguntar a ele o que achava que estava fazendo ali — ou o que esperava conseguir. Contudo, com Marty, não havia tempo para essa reflexão silenciosa, pelo menos ainda não. E, então, continuei dizendo que a única coisa que me importava naquele momento era o fato de ele ter se sentido maltratado por todos aqueles "especialistas". (Bem, na minha cabeça ele disse "aqueles psiquiatras idiotas".) Acrescentei que não queria ser apenas mais um. E eu estava falando sério.

Nenhum comentário.

Será que ele poderia me dizer mais alguma coisa sobre: "Por que não me deixam em paz?"

Ah, sim, ele tinha muito a dizer sobre isso. E, então, começou a falar, com muita raiva. E eu escutei. E, enquanto eu escutava e tomava conhecimento do mundo de Marty, pensei, mais uma vez, como fazia frequentemente, que as crianças têm uma maneira misteriosa de sentir e manifestar o inconsciente dos pais. Irritabilidade, dúvidas, sentimentos de inferioridade, conflitos, tudo isso começa a ser comunicado aos filhos no momento em que a criança nasce. Esses indícios são transmitidos tanto pelo que não é dito quanto pelo que é, tanto pelo que não é feito quanto pelo que é. E aquilo que somos, intimamente, também é comunicado à criança. Molda e compõe o caráter e o desenvolvimento da criança. Constrói o verdadeiro senso de identidade da criança.

Alguns pais contam com seus filhos para sustentar a própria posição na comunidade. Suas inseguranças e o medo de não serem respeitados são depositados sobre a criança — que, então, deve oferecer-lhes o status do qual, desesperadamente, precisam. Eles se realizam por meio de seus filhos. Tais pais podem valorizar desmedidamente as realizações materiais. A questão na mesa de jantar não é "O que você está sentindo? O que você fez hoje?

Você está feliz com seus amigos e professores?", mas, sim, "Você fez o dever de casa? Você estudou piano? Você ganhou o jogo? Você foi bem na prova?".

A criança fica com a pergunta interior: eu sou amada pelo que sou ou por aquilo que realizo?

Assim, comecei a saber um pouco mais sobre a família de Marty. Eu já sabia, após ter conversado com seus pais, que Ben era médico e, a mãe, professora do ensino fundamental. Eles eram participativos em sua comunidade e tinham um amplo círculo de amizade. Haviam comentado sobre as várias atividades comunitárias das quais participavam, e sobre os filhos dos amigos. O pai falou sobre outros médicos e suas respectivas famílias.

E foi isso o que Marty trouxe.

— Eles só falam do que eles e os amigos deles fazem — disse Marty. — Eles me amolam por causa dos trabalhos da escola. Dão no saco para eu participar desse grupo. Eles querem que eu jogue nesse time. Eu não quero nada disso. Aí me levam a psiquiatras, orientadores educacionais, tutores. E quer saber? Tudo o que esses "especialistas" querem é que eu realize o desejo dos meus pais. Ficam me falando como meus pais são ótimos, como eu sou inteligente. Ah, é? Bem, não quero mais ouvir isso.

Eu não o culpo, pensei.

— Você acha que ninguém realmente se importa com o que você quer — disse. — Você quer ser você.

— Isso — resmungou Marty.

Bem... E como eu ia transmitir isso a seus pais, obviamente bem-intencionados? Eles sabiam que Marty estava numa situação de risco. Ele estava no vértice de uma espiral descendente, algo que poderia se repetir ao longo de sua vida. Marty queria ser valorizado pelo que era, e não por aquilo que realizava. Ele não queria seguir os passos dos pais. Queria ser ele mesmo. E não podia ser — nem ao menos tentar descobrir quem realmente era —, porque os pais o sufocavam com suas expectativas.

Seus pais não eram maus. Eles tinham expectativas. Então, o que há de errado nisso? Nada. Contudo, sim, havia algo errado aqui. As expectativas dos pais de Marty não levavam em consideração quem ele era — ou, ainda, aquilo que gostaria de ser. Eles queriam realizações.

Marty queria amor.

Era tudo o que ele queria.

E, assim, ao mesmo tempo em que realizava as sessões com Marty, comecei uma série delas com os pais de Marty, Ben e Andrea. Durante anos era recomendado que crianças, e especialmente adolescentes, fossem atendidos sozinhos, com pouco contato com os pais. Entretanto, dependendo das circunstâncias, descobri que o terapeuta pode identificar muita coisa trabalhando com a família.[1] Elementos tendem a emergir, a dinâmica familiar é revelada, e, geralmente, isso não é possível apenas com a criança. O que apurei nas sessões individuais com Ben, pai de Marty, foi que, como médico, ele era amável e atencioso com os pacientes. Era reconhecido por isso na comunidade, e respeitado, também, como um hábil diagnosticador. Era um daqueles raros doutores que têm tempo de sobra para os pacientes, que de fato escuta. Eles o adoravam. Em casa, no entanto, e ele mesmo admitiu isso, Ben era totalmente diferente. No ambiente de trabalho, suas inseguranças não se manifestavam — afinal, como médico, ele estava no comando. Em casa, porém, em um nível mais pessoal, não conseguia suportar o fato de ser desafiado. Admitiu que ficava possesso quando Marty lhe respondia de modo insolente.

— Estou mandando-o para longe! — disse Ben. — O lugar dele é em uma escola militar. Logo ele vai entrar na linha.

Contudo, a boa terapia reside no terapeuta ajudar o paciente a falar, ou, mais importante, a escutar os próprios pensamentos, sentimentos, lembranças. O terapeuta empático e criativo é capaz de ouvir com uma espécie de terceiro ouvido, a articular e interpretar o que o paciente realmente está dizendo.

Nesse caso, Ben queria que eu ouvisse determinadas coisas — mas eu estava começando a ouvir algo totalmente diferente. Ele queria que eu ouvisse suas queixas quanto ao filho rebelde. Ele, realmente, havia chegado à conclusão de que Marty devia ser mandado para um internato — e queria que eu concordasse com isso. Ele acreditava que o filho devia ser punido ou tratado com "amor bruto". Queria que eu concordasse com suas ideias do que um filho devia ou não fazer.

O que senti que ele não queria era descobrir que o filho rebelde estava apenas expressando inconscientemente a própria história do pai. Quando deixamos de falar de Marty, soube muitas coisas a respeito de Ben. Soube que era o primogênito e que seus pais lhe diziam desde a infância que ele seria um aluno excepcional e iria para uma faculdade de medicina. Era o que exigiam dele. Ele se tornaria uma fonte de orgulho para os pais. Reiteradamente, isso era semeado em Ben. Ele, o primogênito, seria o "Nosso filho. O doutor".

Ben, entretanto, embora hábil e competente em seus estudos médicos, adorava música. Era um violinista talentoso. Ele lia e interpretava o repertório de partituras musicais com graça e talento, e também compunha músicas, escrevendo partituras completas para orquestra. Seus amigos e sua comunidade na escola e na faculdade também eram musicistas. Eles eram sua vida, sua fonte de satisfação.

Os pais toleravam aquilo. Eles o mimavam. Concordavam que suas aspirações e interesses musicais eram bons — como hobby. Mas... "você não pode ter uma vida decente como um musicista. Você vai se tornar médico."

E assim ele fez. Tornou-se médico, e um bom, aliás. Abandonou a música. E o que isso tinha a ver com Marty? Pensei que eu soubesse responder. Entretanto, o que eu sabia era que seria difícil fazer com que Ben ouvisse. Achei que ele fosse rebelar-se contra mim — como nitidamente fazia com o filho — ao escutar coisas que não queria ouvir. E, então, prossegui cuidadosamente. Já tinha indícios de que ele tinha certa raiva de mim e alguns outros "terapeutas charlatões que nem sequer eram médicos", os terapeutas aos quais ele havia levado Marty anteriormente. Achava que eles apenas tinham falado bobagem. E por que não pensaria o mesmo de mim? Trabalhamos juntos alguns meses, e comecei a perceber que, embora não concordasse completamente comigo em algumas questões, ele havia se tornado mais disposto a ouvir. Finalmente, quando senti que havíamos estabelecido uma aliança terapêutica, uma zona de conforto, trouxe à tona aquilo que considerei ser real.

— Percebo em seu comportamento em relação a seu filho — disse — que uma parte de você está gritando por liberdade, para ser a pessoa que você queria ser. Percebo seu ressentimento pelo fato de ter tido que desistir do seu sonho. Você abandonou a música. Você sente falta dela.

Por um momento, ele simplesmente me olhou fixamente. Abriu e fechou a boca. Não disse uma palavra, mas pareceu... atordoado? Zangado? Será que eu tinha falado cedo demais? Será que eu o tinha provocado antes que ele estivesse pronto? E, então, Ben engoliu em seco e respirou profundamente, e vi que havia lágrimas se formando em seus olhos.

— Será que você não está com raiva de seu filho — prossegui delicadamente — porque ele está se rebelando de uma forma que você não conseguiu?

Ele baixou a cabeça e irrompeu em lágrimas.

Era um começo. Era um bom começo. Contudo, era apenas o começo. Em seguida, havia um árduo trabalho a ser feito, pois, embora esse tipo de discernimento seja importante, vital para a boa terapia, o discernimento sem a mudança de comportamento é mais que inútil. Será que Ben mudaria sua relação com Marty como resultado dessa compreensão? Ele conseguiria se identificar com o que o filho estava passando? Será que o admiraria pela tentativa de fazer o que ele, Ben, fora incapaz de fazer, ou iria continuar tentando submetê-lo à sua vontade, como havia acontecido com ele mesmo?

Foi um período bastante longo e tumultuado o que passei com Marty, com Ben e com os dois. A espiral descendente do garoto, no entanto, se desfez. E até, para a surpresa de todos, ele começou a se interessar exatamente pelo tipo de coisa que os pais queriam para ele. E outras que eles nem imaginavam. O mais surpreendente, no entanto, foi que para o pai de Marty tudo estava bem.

Estabelecer limites e o grau de liberdade é um reflexo das experiências dos pais quando crianças. Porque, aqui, há uma questão importante: as crianças não sentem necessidade da imposição de limite? Elas não se sentem mais seguras sabendo que mesmo a liberdade tem restrições? Como e até que ponto esses limites devem ser estabelecidos? Como vimos, as crianças algumas vezes são inadvertidamente usadas pelos pais para expressar o que até eles desconhecem. Abordamos o caso de crianças extremamente sensíveis e vimos como os filhos são porta-vozes de um dos pais. Isso pode parecer bastante assustador, mas é impressionante a frequência com que uma criança se comporta ou diz coisas que causam desgosto a um dos pais, justamente porque aquilo toca no ponto central da vida dele ou dela.

Há outro aspecto do relacionamento entre pais e filhos que geralmente é evidenciado nas relações matrimoniais. A criança precisa ser protegida e cuidada; ela precisa do pai/mãe que, por sua vez, a necessita da mesma forma. Na maior parte das relações íntimas, há um estado de ambivalência. Os pais podem querer proteger os filhos, mas isso é algo difícil e, por vezes, provoca uma grande aflição. A prole interfere nas atividades parentais e em sua liberdade. Eles são exigentes, e os progenitores podem se ressentir disso. De modo análogo, os filhos precisam dos pais, mas, conforme crescem, precisam se sentir mais livres e independentes, às vezes para decepção dos pais, que podem tentar interferir em seus esforços de se tornar independentes. Se não houver habilidade para aceitar a ambivalência no relacionamento — o desejo de um ser livre do outro —, a comunicação entre eles poderá ser confusa e contraditória. A mãe que sente necessidade de se ver como generosa e merecedora de apreciação ou o filho que se sente culpado por reivindicar alguma independência torna-se a causa do conflito. Há algumas restrições implícitas no doar-se, traduzidas em: "Fiz algo por você, eu me sacrifiquei, como pode me tratar desse jeito?" O cenário está armado para a chantagem emocional. Nessa fórmula, o amor não é dado, é devido. A independência não é um direito da criança como parte do desenvolvimento, mas uma rejeição, uma ingratidão.

Também não é comum o comportamento consciente ou intencional dos pais exercer um forte impacto sobre o crescimento e desenvolvimento dos filhos. São, certamente, as necessidades e os impulsos inconscientes e reprimidos dos progenitores que encontram uma gratificação vicária na prole, especialmente quando adolescente. A criança representa os desejos proibidos e recebe estímulo inconsciente para comportamentos problemáticos e inaceitáveis que os pais e a sociedade desaprovam. Desse modo, ela recebe mensagens confusas e contraditórias. Ao manifestar um comportamento que é perdoado inconscientemente, ela fica confusa, pois é desencorajada e até punida na esfera da consciência.

Em alguns casos, as crianças se veem em apuros não por causa de algum comportamento manifesto, mas por conta dos medos e das expectativas dos pais em relação ao que elas vão fazer. Tais expectativas são, geralmente, veladas, mas, ainda assim, comunicadas a ela. Representam sentimentos e impulsos que os pais se inibiram de manifestar. Sem a consciência e o reconhecimento de tais motivações internas, eles continuarão a pôr os filhos em uma situação contraditória de duplo vínculo.[2]

Assim foi o caso de Zach, um gracioso, inteligente e alegre menino de 6 anos, que era um estorvo para a mãe. Em casa, era bem-comportado e, geralmente, fazia o que lhe pediam. Na escola, as coisas eram muito diferentes. Ele era o exibido do segundo ano, o palhaço da turma e o criador de confusão. Os pais, Jared e Cookie Whitfield, foram chamados à escola várias vezes por causa do comportamento do filho.

Bem, não é incomum que a criança que se comporta mal na escola esteja descontente com as coisas em casa — ainda que o lar pareça perfeito. Os Whitfield viviam em uma ampla e bela casa naquele tipo de comunidade com todas as facilidades — piscina, jacuzzi, academia de ginástica, sala de leitura, telão etc. O pai, Jared, vinha de uma família rica e, por meio de seu trabalho, ganhara mais dinheiro. Não ficava muito tempo em casa pelo fato de cumprir um longo expediente, mas era bastante popular no Country Club, tinha muitos amigos e jogava tênis e golfe. Fiquei sabendo que Jared foi para um internato quando completou 11 anos. Foi o que aconteceu com seu pai, seus tios e seu avô. De modo similar, Cookie foi para uma "escola de aperfeiçoamento" quando tinha 12 anos, teve sua "festa de debutante" aos 17, e agora estava socialmente engajada e bastante ativa em eventos de caridade. Ela coordenava várias atividades, e mantinha-se ocupada com amigos e parentes.

Zach e sua irmãzinha estavam crescendo com babás e acompanhantes, e a maior parte delas era boa nos cuidados que dispensavam aos dois. Zach foi para um colégio particular em regime de semi-internato, embora as escolas públicas de sua rica comunidade estivessem entre as melhores. Eles passavam as férias de verão e de inverno juntos. Por que Zach estava se comportando tão diferentemente no colégio? Ninguém tinha a resposta, mas a escola não podia continuar suportando seu comportamento tumultuador. Advertências, assim como proibições e castigos, não adiantavam. Desesperados, os Whitfield decidiram tentar a psicoterapia.

Durante a sessão de jogos comigo, Zach manteve-se bastante ocupado com soldados de brinquedo, cavaleiros e ogros. Ele inventou batalhas que resultavam em grande derramamento de sangue e, é óbvio, meu lado sempre perdia. Parecia que ele estava com raiva, embora nunca tivesse dito isso. A única raiva que ele expressava era uma bastante normal, e sua irmãzinha era a principal culpada.

Certo dia, assim que entrou na sala, Zach me disse que havia caído da bicicleta no dia anterior. Ele me mostrou o arranhão. Era uma coisa horrível, um arranhão provocado pelo atrito com o asfalto, e, além de vermelho, parecia inflamado.

Franzi as sobrancelhas e disse que devia ter doído.

— Sim — concordou Zach, suspirando. — Um pouco. Mas — acrescentou — todas as crianças caem de bicicleta e se machucam.

— É mesmo? — perguntei.

— Aham — fez Zach assentindo com a cabeça.

— Mas deve ter doído muito. Você chorou?

— Não se deve chorar — disse dando de ombros e balançando a cabeça.

— Sério? — perguntei. — Mesmo que esteja doendo?

Ele balançou a cabeça, concordando.

— Alguém lhe disse isso? — perguntei.

— Minha mãe.

E, embora eu tivesse tentado provocá-lo para desenvolver essa afirmação, para ele foi o fim da conversa. A mãe lhe disse para parar de chorar porque todas as crianças caem de bicicleta e arranham-se, assunto encerrado.

As férias de Natal estavam bem próximas, e a família viajou por duas semanas. Em seu retorno, Zach parecia mais calmo e menos ansioso para lutar nos combates de brinquedo. Ele conversou bastante, e parecia uma criança normal e relaxada.

Disse-lhe que ele parecia muito mais feliz agora que quando estava no colégio. Ele disse que não, que gostava do colégio. E, assim, fiquei pensando qual seria o motivo de Zach estar se sentindo mais feliz naquele dia. Disse-me que se sentia feliz porque havia estado com os pais. Ele gostava de tê-los por perto.

— Mas eles sempre estão por perto — comentei. — Mesmo quando você está na escola, sua mãe está em casa e seu pai está no trabalho.

— Não — devolveu ele. — Eles sempre estão fora.

— E você gostaria que eles ficassem em casa?

— Bem, algum tempo — respondeu Zach.

Perguntei a Zach se ele podia dizer à mãe que gostaria que ela ficasse algum tempo em casa. Ele disse que não; não podia.

— Ela vai ficar zangada — disse ele, com tristeza.

— Furiosa? — perguntei.

— Não. Só zangada — respondeu.

— Você tem certeza?

— Aham — concordou, balançando a cabeça.

Aqui estava a chave, eu tinha certeza. A nítida mensagem no lar dos Whitfield era: não fale de sentimentos desagradáveis. Quando Zach se machucou ao cair da bicicleta, ele voltou para casa chorando. "Meninos não choram", disse a mãe.

Pouco depois, tive uma sessão com os pais de dele, começando com Jared. Perguntei a ele como havia se sentido ao deixar sua casa para ir para um internato aos 11 anos.

— Não sei — disse, dando de ombros. — É como as coisas funcionam na minha família. Quando você completa 11 anos, vai para um internato.

— Sim — insisti. — Mas como você se sentiu?

Mais uma vez ele deu de ombros. Mais uma vez repetiu que, simplesmente, estava seguindo uma tradição familiar.

— Mas como você se sentiu? — continuei insistindo.

Sentir? Parecia uma palavra estranha para ele. Depois de um tempo em silêncio, Jared finalmente admitiu que sentiu medo. Ele não queria deixar sua casa, e disse que sentiu muita saudade da família. Lembrava-se de ter contado isso aos pais — apenas uma vez. Eles lhe disseram que aquilo seria logo superado. Jared finalmente admitiu que ficou bastante zangado com eles por mandá-lo para o internato. Achava que eles queriam se ver livres dele e tinha vontade de fugir do internato, porque isso iria decepcioná-los.

Na sessão seguinte foi a vez de Cookie. Perguntei-lhe sobre a escola de aperfeiçoamento e obtive uma resposta semelhante. Sentir? O que aquilo tinha a ver com a atual situação? Foi somente numa sessão posterior que Cookie me contou que, durante a época do colégio, passou por um período de extrema solidão e depressão. Ela procurou um orientador pedagógico para algumas sessões, embora não tivesse revelado isso a pessoa alguma.

Parecia óbvio, para mim, que os Whitfield não permitiam que seus sentimentos atravancassem o caminho do que tinha de ser feito. Os sentimentos eram algo proibido, assim como a expressão emocional, fosse em palavras, fosse em ações. Sem palavras. Sem acessos de raiva. Sem lágrimas. Garotos grandes não choram. (E as garotas não vão a terapeutas, também.)

Deu certo trabalho comunicar a Jared e Cookie que Zach estava lhes fazendo um favor. Com seu comportamento, o menino estava pedindo mais atenção, mais um pouco do tempo deles, mais proximidade. Ele queria e precisava que ouvissem seus sentimentos. Não queria aceitar impassivelmente as coisas do jeito que eram e como seus pais haviam feito — e, de fato, continuavam a fazer. Ambos admitiram que ficavam tão atarefados que sobrava pouco tempo para lidar com os sentimentos que nutriam um pelo outro ou pelos filhos. Também admitiram que estavam se distanciando cada vez mais e que, de fato, raramente compartilhavam seus sentimentos. Eles fizeram o que tinham que fazer. Esse era o lema da família de origem de cada um. Eles, simplesmente, estavam passando isso para os filhos.

Para Cookie, Jared era alguém emocionalmente distante, mas ela não discordou quando sugeri que o distanciamento parecia estar presente no relacionamento deles com os pais, entre si e com os filhos.

Contudo, eles amavam os filhos. Eles se amavam, da maneira emocionalmente distanciada com a qual aprenderam a se relacionar. E, o mais importante, depois de perceber o que estava acontecendo, estavam dispostos a mudar. Jared fez um esforço para estar mais presente em casa e passar mais tempo com Zach. Cookie tentou reduzir seus compromissos fora de casa. Ambos se tornaram mais sensíveis aos próprios sentimentos, até mesmo aos desapontamentos e frustrações de um com o outro. Começaram a prestar atenção aos sentimentos subjacentes ao comportamento de Zach, que, gradativamente, se tornou mais capaz de expressar seus sentimentos em casa; e — sem qualquer surpresa! — seu comportamento no colégio melhorou.

Os filhos do divórcio

A crença e a expectativa de uma criança em relação aos pais é que eles viverão juntos harmoniosamente. Independentemente do tipo de família, todas as crianças querem, precisam e merecem a mesma coisa: ser acolhidas no refúgio de uma família. E, ainda assim, coisas acontecem. A morte acontece. Guerras e conflitos destroem as famílias e as separam, às vezes por anos a fio. Às vezes permanentemente. O divórcio acontece.

E o divórcio não é bom, especialmente para as crianças. Pergunte a qualquer um que já tenha se envolvido em um, e pergunte especialmente a uma criança, e o que você vai ouvir é que não é algo fácil.

Um estudo observou por 25 anos crianças cujos pais haviam se separado. Descobriu-se que elas apresentavam muito mais dificuldades no amor, na vida íntima e no comprometimento matrimonial que um grupo de controle cujos pais não haviam se divorciado. Além disso, os filhos do divórcio tinham muito mais dificuldades de exercer o papel de figura parental.[3]

O divórcio é quase sempre o ponto final em anos de desentendimento, expressos ou velados, entre os pais. Há os que se orgulham do fato de não ter havido muitas brigas antes do divórcio. "Nunca discutimos na frente das crianças", é o que todos me dizem. Entretanto, isso é falso, pelo menos no que diz respeito à sua essência, ou até à totalidade. Porque as crianças sabem que os desentendimentos existem. Elas têm um incrível radar para captar o que está oculto. (Às vezes, acho que as crianças seriam magníficas terapeutas.)

Certamente, quando há muita discussão e desentendimentos antes do divórcio, algumas crianças podem dizer: "Não aguento mais, queria que eles acabassem logo com isso." E isso é verdade, pois não é bom que as elas sejam expostas a discussões entre os pais. Também não é fácil determinar se a criança ficará melhor com o divórcio ou convivendo com eternas desavenças. Contudo, seja qual for o caminho, esse processo, assim como o de crescer e viver em uma família disfuncional, é algo traumático. As crianças ficam com medo em qualquer uma das circunstâncias. Quando o divórcio acontece, é um golpe emocional. Crianças pequenas sentem a perda, mesmo que estejam sob a guarda de outras pessoas, e ficam confusas. Com adolescentes, os pais geralmente perdem credibilidade. A fórmula passa a ser esta: por que eu deveria dar atenção a você, se você não consegue chegar a um acordo consigo mesmo? Vou tomar minhas decisões e fazer o que quero. Isso é particularmente verdadeiro quando um dos pais fala constantemente mal do outro, pois cria um conflito para a criança e coloca um peso sobre as costas dela. Se visita o pai, e, possivelmente, a nova companheira dele, e gosta de ambos, a criança pode se sentir culpada por estar traindo a mãe, que foi magoada e está furiosa com o ex-marido. Se, ao contrário, ela é dedicada à mãe, pode não se permitir abandoná-la, por sentir que ela já foi abandonada. Algumas crianças sentem que devem salvar os pais magoados e, com isso, carregam um fardo insuportável. Se um dos dois continuar a se sentir deprimido apesar das tentativas do filho de salvá-lo, essa criança poderá se sentir fracassada.

E, o que é pior, as crianças às vezes acreditam que o divórcio aconteceu porque não foram boas o suficiente. Em outras palavras, é tudo culpa delas. "Se eu tivesse sido um filho melhor, se eu tivesse me comportado melhor, se eu não tivesse arrumado tantos problemas, então o divórcio não teria acontecido." E esse tipo de crença persiste, apesar de os pais afirmarem que ela não teve nada a ver com a decisão do divórcio. E, muitas vezes, os pais se aproveitam dos filhos no campo de batalha que se estabelece entre eles. Com o divórcio, eles os colocam no meio da disputa por fidelidade. Isso, lógico, serve apenas para gerar mais conflitos na criança.

Sandy era uma simpática menina de 7 anos cujos pais haviam se divorciado. O pai, Gregory, havia se casado novamente, e sua nova esposa, Elizabeth, embora demonstrasse sentimentos afetuosos em relação à menina, não aprovava a criação que a mãe dava a ela. Greg era um homem passivo, e, ao casar-se com Elizabeth, havia se casado com uma mulher bem semelhante à primeira esposa, a mãe de Sandy. Ele ficava nos bastidores, enquanto as mulheres comandavam o espetáculo. Em um fim de semana, quando Sandy foi visitar o pai, um assunto comum mas explosivo teve início. A mãe da menina deixava o cabelo da filha solto, com uma graciosa franjinha que batia quase na altura dos olhos. A madrasta, Elizabeth, achava que Sandy parecia um cão pastor desgrenhado. Ela tentava coagir Greg a levar a filha a um salão de beleza. Não, ele não podia fazer isso. A mãe de Sandy não queria, havia sido categórica quanto a não cortar o cabelo da menina. Apesar disso, Elizabeth levou Sandy à força a um cabeleireiro. Na noite de domingo, quando o pai levou a filha de volta, a mãe ficou furiosa ao ver o cabelo curto da menina. Ela teve um ataque. Greg ficou perplexo ante sua raiva. Qual era o problema? Era apenas um corte de cabelo.

Ou não era?

A história toda parece um tanto absurda. Era absurda. Porém, aconteceu, e acontece em muitas famílias. E qual foi o resultado? Depois dessa cena — e de muitas outras desse tipo —, Sandy passou a não querer mais visitar o pai e Elizabeth. Simplesmente porque provocava brigas. O pai, a mãe, a madrasta, todos ficavam zangados. Ela não queria ser parte disso. Sandy se retraía quando lhe diziam que era hora de ir para a casa do pai. Ela se recusava. Greg, é óbvio, ficou furioso com a ex-esposa por não manter de pé o acordo das visitas. Ele a levou novamente aos tribunais.

E isso era caso de tribunal? Não. Eles, porém, com exceção de Sandy, conseguiam perceber isso? Mais uma vez, não.

Então, qual foi o resultado disso tudo? A madrasta, Elizabeth, conseguiu interferir na relação do marido com a filha, afastando-os. A passividade de Greg gerou mais raiva e problemas entre ele e a primeira esposa. Agora também havia problemas, entre Greg e a nova mulher, Elizabeth. E Sandy, uma garota de apenas 7 anos, estava no meio dessa bagunça. Pior, ela começou a achar que a culpa de tudo era dela.

A autossabotagem aconteceu em todos os níveis e com todos os membros da família. O pai repetia com a nova esposa os mesmos problemas que ocorreram no casamento com a mãe de Sandy. Ele se comportava de modo passivo e tentava agradar a todos, porque, em sua criação, sentia que tinha que ser o "bom menino" de sua mãe, já que seu pai a havia abandonado. Com isso, era incapaz de fazer valer seus direitos diante da mãe de Sandy, o que acabou contribuindo para o divórcio. Da mesma forma, era incapaz de fazer valer seus direitos diante da segunda esposa, o que criou a situação tensa quando ela arruinou a relação dele com a filha. A mãe de Sandy era teimosa e revelava abertamente seus sentimentos. A madrasta de Sandy era dominadora e de opinião divergente, e Greg não conseguia se impor. Todos os adultos contribuíram para sabotar o relacionamento. No entanto, uma criança de 7 anos era a vítima. Alguém poderia se perguntar: *será que, em razão de sua confusão e da recriminação a si mesma, ela também se tornará uma adulta autossabotadora?*

Esperamos que não.

E eu penso que temos que ser melhores que isso.

Capítulo 4

Repetição de comportamentos punitivos: salvamento e penitência

A maioria das crianças pequenas acredita que o mundo gira ao seu redor. Esse é um estágio normal do desenvolvimento, com sentimentos infantis de grandiloquência e narcisismo, e uma sensação de que se é o centro do Universo. Com o desenvolvimento normal, esse sentimento gradativamente se dissipa. Entretanto, quando certos pais colocam os filhos no centro de sua vida e também de seus conflitos, esse processo normal pode ser interrompido. A consequência é que muitas dessas crianças desenvolvem um forte senso de responsabilidade, culpa e recriminação a si mesmas. Elas recebem de herança uma consciência severa e punitiva, dúvidas sobre si mesmas e falta de confiança. Se algo vai mal com seus pais ou sua família, acreditam que, além de serem as culpadas, são também responsáveis por corrigir os erros e consertar o estrago. Essa atitude vai além do ambiente familiar, por meio de uma sensação generalizada de que o papel delas na vida é corrigir, ajudar, ajeitar as coisas. E, se elas não conseguem deixar tudo em ordem (e qual criança consegue salvar um pai alcoólico, por exemplo?), crescem acreditando que fracassaram. E, assim, está formado o cenário para que a criança adulta continue tentando consertar o mundo.

A percepção de si mesma como a salvadora torna-se parte de como essa pessoa lida com as outras. A criança que se sente compelida a melhorar a vida de um dos pais maltratado torna-se o adulto que precisa melhorar a vida dos outros, mesmo à custa da própria. E, assim, desenvolve uma atração por pessoas carentes, à espera de alguém que as resgate. Casa-se com alguém que parece desamparado, débil ou incapaz. O indivíduo assume as rédeas e, é óbvio, consegue recompensas por estar sendo tão prestativo e formidável. Entretanto, o motivo real pode não ter coisa alguma a ver com sentimentos caridosos. O que começou como pena e preocupação com um dos pais que foi deixado desolado e abandonado, torna-se um modo de vida, uma necessidade de fazer algo pelos outros, ao mesmo tempo em que as próprias necessidades são negadas. No fim, o indivíduo se sente usado e exausto, pois toda a sua energia está sendo despendida e ele não está recebendo apoio suficiente em troca. Quando alguém se sente esgotado e acredita que estão tirando proveito de seu modo de ser, geralmente fica bem zangado.

Norman era um empreendedor bem-sucedido de 49 anos, casado três vezes, que dizia colecionar "pássaros feridos": suas ex-esposas, que, tardiamente, Norman reconheceu não ser o que pareciam. Antes de se casar com essas mulheres, Norman as achava bonitas, amorosas, inteligentes e, pensava, independentes. Elas se revelaram bonitas e inteligentes, mas pouco amorosas e nem um pouco independentes. Enquanto essas mulheres tinham o que queriam, tudo ia bem. E todas elas sabiam exatamente o que queriam — e queriam muito. A terceira esposa, particularmente, era inflexível e impiedosa. Suas exigências eram, geralmente, irracionais. Ainda assim, se Norman não concordasse, deparava-se com uma barreira de racionalizações, justificativas e explosões de fúria. Desde a escolha de uma mesa em um restaurante até a escolha de amigos e de onde passar as férias, sempre havia boas razões para tudo. E, se Norman resistisse minimamente, então era a hora da bajulação, da sedução, da manipulação. Subitamente, a mulher firme e exigente se transformava numa pessoa fraca, medrosa e doente que não podia ser contrariada. Ela se sentia no direito de pedir qualquer coisa, e Norman tinha que atendê-la.

A terceira esposa não tinha um emprego nem uma carreira, embora tivesse sido bem-educada e pudesse ter tantas vagas bem-remuneradas quanto quisesse. (O mesmo era o caso da primeira e da segunda esposas.) Além disso, ela também não conseguia dar conta das tarefas domésticas. Precisava de uma lavadeira, de uma faxineira etc. Precisava, na verdade, de tudo: roupas, joias, férias.

Norman queria realmente agradá-la. Ele queria agradar a todas as mulheres. Queria vê-las felizes e satisfeitas. Tentava satisfazer seus desejos até constatar que aquilo era impossível. Faturas imensas chegavam todos os meses. No entanto, questionar as despesas com roupas novas, joias e cabeleireiro estava fora de cogitação. "Você não sabe quanto custam as coisas. Você não entende as mulheres. Você não se importa com a minha aparência. Eu seria motivo de piada se usasse esse vestido novamente." O mesmo ocorria com viagens: "Como você tem coragem de pensar em passar as férias nesse lugar? Você sabe que sofro de alergia e como fico mal indo lá. Vamos a algum lugar que não me deixe alérgica." Essas eram as respostas, e não havia espaço para negociação.

Então, por que Norman se via eternamente nessa situação? Ele precisava elevar sua autoestima, demonstrando que podia agradar e satisfazer belas mulheres, e escolhia aquelas que exigiam ser atendidas. Precisava das que simulassem estar desamparadas, para que ele pudesse salvá-las. Ele não queria que as esposas trabalhassem, já que isso prejudicaria sua posição de provedor, de salvador. Embora reclamasse disso, Norman precisava ser o coroa rico da graciosa e exigente garotinha — até que não conseguisse mais satisfazê-la. Ele precisava de mulheres que demandavam ser salvas. E ele tentava, mas sentia que seus esforços nunca eram o bastante. Sua necessidade de se sentir importante salvando os outros deparava-se com a sensação de fracasso, porque sempre havia um obstáculo no seu caminho.

Nas nossas sessões descobri que o pai de Norman havia sido cruel. Ele era verbalmente agressivo com a família e ganhava a vida com dificuldade. Era uma pessoa crítica e cronicamente desgostosa de tudo. A mãe achava que não tinha outra escolha senão ficar com o marido. Não havia dinheiro suficiente, e eles tinham três crianças pequenas. Norman achava que era seu dever consolar, apoiar e melhorar a vida da mãe, que confiava nele para ajudá-la na sua triste sina. Norman sentia pena dela, e jurou que nunca trataria as mulheres como o pai, e que nunca seria o mesmo tipo de homem. Na verdade, Norman passou grande parte da vida tentando não ser o pai.

Norman havia tido um rendimento excelente no colégio e, por meio de trabalho e bolsas de estudo, completou a faculdade, especializando-se em negócios. Ele queria ganhar dinheiro para fugir da pobreza na qual crescera e melhorar a qualidade de vida de sua mãe, tornando os dias dela mais fáceis. Norman foi muito bem-sucedido, e ampliou sua necessidade para dedicar-se à salvação de outras mulheres. É óbvio, ele também precisava ser salvo, certificando-se de que era um sucesso, medido não apenas pelo fato de estar numa posição dominante, mas pela capacidade de enaltecer-se, estando acompanhado por belas e atraentes mulheres que o necessitavam. Entretanto, quando chegou até mim, reconheceu que havia recebido mais do que pedira.

Norman estava com medo de repetir aquele padrão que havia reconhecido em si, mas sentia-se impotente para detê-lo. Ele não conseguia dizer "não" a mulher alguma e, especialmente, à esposa. Além de não o adular quando ele não a satisfazia, ela também se enfurecia e o humilhava, chegando até a esvaziar suas gavetas e a espalhar suas roupas por toda a casa. Ela se tornava cada vez mais exigente e agressiva com o marido, e ele continuava retribuindo com novas agressões. Não conseguia deixá-la, não conseguia convencer-se a deixá-la.

Foi um trabalho árduo fazer Norman enxergar o que estava acontecendo — e por quê. Ele, finalmente, compreendeu que estava pagando uma penitência pela raiva e culpa que sentia do pai. Embora recebesse satisfação agradando a mãe, tal satisfação tinha um preço: tratar o pai como uma pessoa cuja existência era negligenciada. Sentia muita culpa e muita raiva por fazer pela mãe aquilo que o pai não conseguira fazer. Ele conquistou a afeição dela à custa dele.

Norman não conseguia deixar essa mulher porque ela era muito agressiva e satisfazia suas necessidades de ser punido. Precisava agradar e ser punido ao mesmo tempo, e ela era a pessoa adequada para isso. A solução de Norman para esse dilema foi abandonar a terceira esposa e oferecer-lhe um acordo que fosse muito mais generoso que o necessário, ou até concordar com o que fosse combinado por seu advogado. Ele tinha que quitar completamente suas dívidas.

Norman irrompeu em lágrimas quando ouviu-se dizer que não havia tido um pai que pudesse admirar, nem infância, e que assumira responsabilidades quando deveria ter sido livre para ser criança. Ele estava triste e bastante zangado. Sentiu-se aliviado, como se um peso tivesse saído de suas costas, depois de experimentar e expressar sentimentos dolorosos contra sua solidão e o fato de não ter tido alguém para apoiá-lo verdadeiramente em seu processo de amadurecimento. A concepção de que masculinidade significava submeter-se e satisfazer os desejos e expectativas das mulheres era falsa. Ao salvar "pássaros feridos", ele buscava se afirmar, e não era isso o que realmente queria para si. Norman chorou quando se deu conta de que tinha necessidades que precisavam ser satisfeitas, que havia sido privado do carinho e orgulho de um pai que aprecia o filho e quer o melhor para ele. Estava com raiva por não ter tido essas coisas. Estava bravo por ter sido o provedor de cuidados para com a mãe. Sentia-se enganado e privado de tudo. "Por qual motivo tenho que ser o marido ou o pai, e nunca a criança ou o filho? Escolhi mulheres que precisavam de mim, de modo que o cuidado com elas servisse para continuar encobrindo minhas necessidades, quando o que realmente queria era alguém que me desse algo, que cuidasse de mim." Ele se lembrou de algumas ocasiões em que sua primeira esposa tentou oferecer-lhe conforto e apoio. Rejeitara-a com raiva. Ele evitava encarar a profunda necessidade de dependência, sentindo que isso o rebaixava enquanto homem. "Não podia permitir que elas me dessem nada. Eu tinha que ser o mandachuva, porque não conseguia aceitar minha necessidade de ser uma criança com carências."

Não sei o que aconteceu a Norman depois que nosso trabalho chegou ao fim, mas sei que, quando foi embora, ele se sentia mais inteiro. Era um ser humano que havia percebido que não precisava mais salvar "pássaros feridos", simplesmente porque ele também havia sido ferido.

Laura procurou a terapia porque estava prestes a se divorciar do marido. "Não suporto mais vê-lo beber", disse ela. "Ele se recusa a parar, se recusa a ir ao AA. Ele insiste que não é um alcoólico, que não tem problemas com a bebida."

Procuro me inteirar de um caso, geralmente, na primeira sessão, perguntando por detalhes sobre pais e irmãos, para encaixar o paciente e sua situação num contexto.

"Meu pai era uma pessoa boa, dócil e bem-humorada, exceto quando bebia", disse Laura. "Quando bebia, ficava distante, introvertido, e não abria a boca para falar conosco. A família aprendeu que deveria deixá-lo sozinho naquelas ocasiões. Crescemos achando que era assim que as coisas tinham que ser. Mas eu me ressentia. Ele era ótimo num dia e extremamente ausente no outro. Não conseguia suportar a sua inconstância e imprevisibilidade, como minha mãe costumava fazer. Jurei não passar por aquilo de novo. Não quero. E não vou."

Quando perguntei a Laura sobre seu marido, ela me disse que ele trabalhava arduamente e era um bom provedor. As crianças o adoravam. "Mas ele bebe, e eu não vou conviver com isso."

Nesse ponto é extremamente importante para o terapeuta manter-se alerta para o impacto do álcool no paciente e em sua família. Embora alguns indivíduos não se embriaguem nem se atrasem na volta para casa, há pessoas que experimentam uma mudança de personalidade e no modo de se relacionar com os outros com apenas uma dose. Em outras palavras, não é a quantidade ou a frequência com que se bebe que define o alcoólico. Certamente é o que o álcool causa à pessoa e aos seus relacionamentos. Eu queria saber que efeito a bebida causava no comportamento do marido de Laura.

"Ele não fica bêbado, não falta ao trabalho, ajuda nas tarefas de casa, mas toma vinho no jantar toda noite!"

Laura podia estar reagindo exageradamente, com base nas experiências traumáticas da infância com o próprio pai? Parecia possível. Contudo, era preciso cautela antes de chegar a alguma conclusão. Então, pedi que o marido de Laura fosse ao consultório e fui prontamente atendido. Ele estava perdido, não conseguia entender por que Laura estava querendo se divorciar.

"Não sei por que devo deixar de tomar uma ou duas taças de vinho no jantar. Eu gosto disso. Me faz relaxar. Não afeta minhas tarefas domésticas, meu relacionamento com meus filhos ou meu desempenho no trabalho. Não interfere no meu modo de me relacionar com minha esposa, mas ela está transformando isso num problema. Não é a taça de vinho que está causando o problema. É a Laura. Ela está me deixando louco. Ela quer que eu frequente o AA. Não tenho nada contra o AA. Sei que há muitos alcoólicos que negam ter problemas com bebida. Mas eu, realmente, não tenho. Não há casos de alcoolismo na minha família. O máximo que eu consumo são duas taças de vinho no jantar e nunca bebo em outras ocasiões, e o vinho não me causa nada. Nunca bebo demais ou fico bêbado. Isso simplesmente não faz sentido para mim."

Não fazia sentido. Para ele. Para Laura, no entanto, fazia. Era uma espécie de sentido íntimo, porque Laura estava reagindo ao que havia acontecido há muito tempo, não ao que estava acontecendo no momento. Estava reagindo ao pai. Ela estava imaginando que teria problemas com o álcool e criando uma situação que não existia, baseada apenas em seus temores.

Isso foi discutido com Laura, que demorou a aceitar o fato de que estava reagindo de forma exagerada. Ela não conseguia acreditar que havia ficado tão traumatizada com a bebedeira do pai a ponto de se tornar tão sensível a isso — uma reação comum a qualquer trauma. Laura estava repetindo o passado. Ela achava que havia fracassado na tentativa de ajudar o pai a parar de beber, porque sua família de origem era disfuncional. Acreditava que era sua responsabilidade fazer com que o pai largasse a bebida, e que fracassara. Agora, tinha que impedir o marido de fazer o mesmo que seu pai fizera. Ela não podia falhar novamente! Estava cumprindo a promessa de nunca viver com um beberrão. Porém, até o momento, estava repetindo seu passado de tal maneira que colocava em risco seu casamento. Foi preciso uma intervenção, algum discernimento e muito tempo para Laura perceber que podia estar casada — e talvez até gostasse disso — com um homem que tomava uma taça de vinho no jantar. Ela estava tentando salvar o marido, que, de fato, não tinha qualquer necessidade de ser salvo.

Existe uma crença, comum a várias pessoas, que permeia grande parte de nosso raciocínio: o pensamento equivale à ação. Desejos e fantasias proibidos são vivenciados como se fossem ações. Sentimo-nos culpados pelo que pensamos, desejamos ou fantasiamos, como nos sentiríamos se tivéssemos de fato praticado essas coisas. Em outras palavras, crianças pequenas que desejam a morte dos pais porque não obtêm o que desejam devem implorar por perdão não pelo que fizeram, mas pelo que pensaram. A esposa ciumenta age como se o marido fosse infiel só de olhar para outras mulheres — em função da crença arraigada de que o pensamento equivale à ação.

Psicologicamente, seres humanos, tanto crianças quanto adultos, são capazes de todo o tipo de desejo, pensamento e fantasia. Isso é parte da condição humana; é o que mantêm a criança viva dentro de nós, adultos; é necessário para a criatividade. Deve ser celebrado, não negligenciado. Ainda assim, muitas pessoas passam a vida pagando penitência pelo que pensaram, e não pelo que fizeram. Os sobreviventes não querem sucumbir às terríveis provações. O impulso é de preservação da vida, da espécie. Mesmo assim, se uma pessoa sobreviver e todos à sua volta perecerem, ela pode se sentir culpada, porque seu desejo de sobreviver se tornou realidade, como se ela tivesse sacrificado aqueles que pereceram. Há quem considere isso um exemplo de *Schadenfreude*, uma palavra de origem alemã que define a sensação de prazer provocada pela desgraça alheia, embora não seja esse exatamente o caso em questão.

Quando Lynne veio pela primeira vez ao consultório, achei-a brilhante, altamente motivada a atingir suas metas, determinada, uma workaholic de fato. Ela assumia responsabilidades acima e além do que era necessário, tanto no emprego quanto no trabalho voluntário. Sentia-se assoberbada. No entanto, também recebia crédito pelo que fazia — era promovida, ganhava prêmios, reconhecimento. Ela assumia muito mais coisas do que podia administrar, e isso consumia seu melhor. Fiquei sabendo que, depois de terminar a faculdade, Lynne havia tentado, pela primeira vez, o suicídio, indo parar no hospital. Ela foi enviada para um tratamento ambulatorial com um terapeuta com quem se relacionava bem. Contudo, o contrato tinha uma cláusula muito bem pré-estabelecida: se tentasse o suicídio novamente sem informar previamente o terapeuta, Lynne teria sua terapia encerrada. Ela conseguiu um novo emprego, que lhe exigia ainda mais que o anterior. Além disso, iniciou o mestrado e tornou-se mais ativa em um número maior de organizações. Lynne continuou na terapia, mas em algum momento voltou a se sentir sobrecarregada e tentou o suicídio novamente. O terapeuta a dispensou. Logo depois dessa segunda hospitalização, ela foi encaminhada a mim.

Lynne estava motivada a solucionar seu problema, mas era algo difícil. Uma das primeiras coisas que fiquei sabendo foi que, quando estava no início da adolescência, sua mãe suicidara. Ninguém sabia por que isso havia acontecido. Lynne e a mãe se davam bem, e a perda era a causa de sua confusão, tristeza e solidão. Ela não tinha alguém com quem conversar. O suicídio da mãe foi um choque e, nesse estado, Lynne não conseguia sentir qualquer coisa que fosse. Estava brava, mas não se permitia sentir raiva da mãe. Estava triste, mas não se permitia enlutar pela morte. Tudo o que sabia era que estava sozinha. Ela apenas se arrastava o melhor que podia, saindo-se bem no ensino médio e na faculdade. Era uma pessoa popular, ativa em organizações e uma grande empreendedora. Continuou a ser criada pelo pai, que sempre fora distante tanto com a esposa quanto com a filha. Ele seguiu vivendo como se tivesse dado pouca importância ao suicídio da esposa e mãe de sua filha. O pai era apenas uma presença para Lynne, e isso era tudo. Ele demonstrava pouca empatia pelo que ela vivenciava, porque era muito ausente.

Lynne desejava e precisava dos cuidados que havia perdido quando sua mãe cometeu suicídio. "Por que ela fez isso? Por que me deixou? O que eu fiz para ela decidir se matar?", ela se perguntava.

Com o tempo, Lynne e eu investigamos a culpa que ela sentia pelo suicídio da mãe. Trabalhamos a raiva que sentia pelo abandono materno e o distanciamento paterno. Discutimos o comportamento terrível da segunda esposa do pai em relação a ela. No entanto, lidamos, principalmente, com os sentimentos de Lynne. O que parecia mais importante é que ela sentia que devia pagar uma penitência por ter desapontado a mãe. Em que sentido? Ela não sabia. Contudo, sabia que era culpada de alguma coisa. Alimentava esse sentimento horroroso e corrosivo de que decepcionara a mãe terrivelmente. De forma gradativa, entretanto, foi percebendo que, subjacente ao seu comportamento compulsivo e determinado, havia uma motivação de fazer com que a mãe se orgulhasse dela, e de obter, assim, seu perdão. Perdão? Sim, porque era como se o suicídio tivesse sido causado por algum desejo de Lynne de que ela morresse, e quando a mãe, de fato, cometeu suicídio, a culpa foi da filha. Embora não tivesse lembrança alguma desse desejo, havia grandes possibilidades de que, na criação de Lynne, como na de todas as crianças, ele o tivesse sido alimentado.

Lynne começou novamente com seu comportamento compulsivo e demos um freio na sua tendência a assumir tanta coisa. Ela começou a entender que o ímpeto de se manter ocupada representava sua maneira de provar quanto era digna e o valor que possuía. Ajudava-a a compensar a tenebrosa crença de que a mãe cometera suicídio por causa de seus fracassos imaginários. Manter-se ocupada também contribuía para atenuar os sentimentos reprimidos de raiva e de perda — uma perda pela qual nunca se enlutara. Lynne foi capaz de compreender que se colocava sob intensa pressão para autoafirmar-se. Ela conseguiu compreender que o suicídio da mãe não tinha nada a ver com ela, e que fora motivado por razões que talvez jamais viesse a saber. Porém, ela compreendeu que não era a causa daquele suicídio, e que não precisava se matar de trabalhar ou suicidar para pagar essa penitência.

Isso exigiu uma mudança radical em seu estilo de vida. Quando se sentia tentada a assumir mais responsabilidades, persuadia-se do contrário. Lynne sentia um vazio por não se atirar em várias atividades. Temia que estivesse escolhendo o caminho mais fácil ao ter tempo para o lazer, para se divertir. Ela tinha que pagar o preço máximo com a própria morte, com as tentativas de suicídio. Quando alguém sofre uma perda como essa e não se enluta, há um preço interno a ser pago, mais frequentemente na forma de depressão. Lynne estava deprimida e brava, e queria ou cometer suicídio, ou trabalhar até a morte.

Contudo, Lynne não queria morrer. Ela desejava ardentemente viver, mas isso a fazia se sentir ainda mais culpada. Com o tempo, ela conseguiu expressar a raiva, o desapontamento, a dor pela morte da mãe. Foi capaz de atravessar um período de luto sem se lançar em atividades frenéticas. O vazio que sentiu quando tentou não se manter sobrecarregada de trabalho dissipou-se, e então, finalmente, foi capaz de viver sem ter que justificar sua existência para a mãe. Ela também se permitiu apreciar a vida sem precisar fugir para atividades compulsivas.

"Nunca quis ser como minha mãe."

Como terapeuta, ouço essa frase muitas vezes. "Nunca quis ser como minha mãe. Quando era pequena, prometi a mim mesma que, quando crescesse, nunca seria daquele jeito. Mas, quanto mais velha eu ficava, mais eu percebia que estava agindo da mesma maneira."[1]

A internalização desses relacionamentos, por mais negativos que sejam, é poderosa e persistente. O indivíduo pode rejeitá-la verbalmente, mas ela sobrevive no inconsciente. Pode arruinar futuros relacionamentos e destruir vidas. E ocorre de maneira insidiosa. Há momentos em que o indivíduo está cheio de dúvidas sobre as próprias habilidades. Talvez ele realmente não se sinta capaz e à altura das responsabilidades de um emprego. Ele pede ajuda, mas, quando ela é oferecida, descarrega a raiva na pessoa que lhe estende a mão.

Esse processo é repetido frequentemente. Em vez de matar o mensageiro, é o caso de matar o ajudante.

Mark estava casado com Sally havia dez anos. Não tinham filhos. Ele era instruído, mas não ganhava muito. Seu currículo era irregular. Trabalhava aqui e ali, saindo-se relativamente bem, mas constantemente era dispensado do serviço.

Sally, por sua vez, ocupava um cargo de responsabilidade havia bastante tempo. Conseguia bons relatórios anuais de desempenho, era agraciada com bônus e recebia um bom salário. Quando o casal veio até mim, ela se apresentou como uma pessoa dotada de autoconfiança e independência. Também estava brava. Não demorou muito para acusar Mark de não contribuir de modo apropriado para a família, manifestando a sensação de que havia sido abandonada.

O que começou a sobressair rapidamente, entretanto, foi que Sally, apesar de se mostrar confiante, era bastante insegura. A despeito do que professava, ela não se sentia realmente merecedora da posição que ocupava. Às vezes, quando lhe entregavam projetos, sentia-se oprimida. Aí, então, pedia ao marido que a ajudasse na pesquisa ou nos cálculos necessários para solucionar os problemas técnicos de seu projeto. Mark sempre estava disposto a ajudar e, por sinal, era bastante eficiente. Tinha muitos talentos que eram úteis a ela. Contudo, embora Sally solicitasse seu apoio, ela se ressentia disso. Ressentia-se de pedir ajuda ao marido e de ser ajudada. Para ela, embora ainda não tivesse se dado conta, precisar da ajuda de Mark era algo que a fazia se sentir humilhada.

E onde ficava Mark nessa história? Ele se sentia em apuros. Recebia mensagens contraditórias de Sally. Por um lado, estava sendo chamado para ajudar. Quando o fazia, ela ficava com raiva. Na verdade, ela ficava furiosa. A esposa era combativa em sua necessidade de ser independente, de fazer tudo sozinha. Contudo, quando não conseguia, sentia-se enfraquecida e vulnerável, pedia ajuda e... sim, era um círculo vicioso. O que Mark deveria fazer? O que qualquer pessoa faria numa situação dessa?

Sally me disse logo no começo: "Nunca quis ser como minha mãe." A mãe era uma mulher brava. Sentia raiva por ter um marido e filhos que precisavam dela. Na verdade, ela estava sempre brava. No papel de progenitora, cedia, porque sentia que precisava fazer isso, mas se ressentia depois. Ela cedia, ressentia-se e então se afastava daqueles que se agarravam a ela. Embora Sally dissesse com todas as palavras que não queria ser como a mãe, estava se comportando como tal. Ela, assim como a mãe, precisava preservar a imagem de pessoa competente e independente que construíra, porque vulnerabilidade significava se machucar.

Mark se tornou a mãe de Sally — ajudava quando ela pedia, mas Sally recriou o enredo no qual pedir ajuda equivalia a ser rejeitada depois. Mark, por sua vez, tinha necessidade de continuar ajudando, de salvá-la, para compensar seu sentimento de inadequação por não conseguir permanecer num emprego e não contribuir de modo satisfatório com as finanças da família (tanto quanto pelas circunstâncias do próprio passado). Ao ajudar a esposa, fortificava-se. Sally, no entanto, não permitia isso, e o ciclo era tão constante que Mark quis desistir. Ele se cansou de ser o salvador para ser, então, humilhado, e queria pôr fim à relação.

É necessário fazer uma observação sobre o desejo de Sally de não querer ser como a mãe. Ela tinha apenas uma vaga percepção dessa influência, mas, ao se inteirar, tornou-se apta para interromper o comportamento destrutivo em relação ao marido e a ela mesma. Como sinalizei para o casal, eles estavam se arriscando a repetir esse comportamento interativo em relação àquele casamento ou a futuras uniões.

Pela repetição, acreditamos que podemos sobrepujar as dificuldades, mas, geralmente, isso também leva a uma catástrofe. Parece que há um impulso inexorável de minar, de desfazer as mudanças tão duramente conquistadas. Como ouso? Como ouso ter um bom casamento quando minha mãe sofreu tanto no seu detestável casamento com meu pai? Ser bem-sucedido no trabalho quando ele odiava o dele? Apreciar a vida quando pessoas ao meu redor não conseguem? Como ouso viver quando os que estavam perto de mim pereceram? Minha culpa me priva de consolidar e celebrar minhas realizações e minha felicidade. Meu sucesso deve ser desfeito.

A culpa por ter sobrevivido é muito forte. Antes de mais nada, impede o sucesso ou leva a ciclos de autossabotagem em que o indivíduo se torna bem-sucedido e, então, sente-se na obrigação de minar o sucesso fracassando. Casamentos problemáticos melhoram apenas para ser derrubados pelo comportamento destrutivo de um dos cônjuges e os problemas recomeçarem. Alcoólicos encaram seu problema e param de beber, somente para terminar bebendo novamente, apesar de terem jurado que seus dias de bebedeira haviam chegado ao fim. A boa vida, a vida pacífica, é insuportável. Os sobreviventes não conseguem tolerar a paz e a tranquilidade. Eles precisam de agitação e de problemas para se sentir vivos.

"Quando estou no meio de uma discussão com minha mulher, entro num 'barato', tenho a sensação de estar vivo", um homem me disse. "Tenho que sentir tensão. Sem tensão e sem problemas, me sinto aborrecido e morto."

Esse é um tema que reaparece com frequência, embora nem sempre de modo óbvio. A briga e a tensão são racionalizadas pelas circunstâncias, mas o tema subjacente é, de fato, bastante diferente. O tema é que a paz e a quietude equivalem à morte. A culpa por obter o que não devia ser obtido deve ser sabotada. A paz, a satisfação e o sucesso não são merecidos. Com o intuito de aliviar a culpa, é essencial salvar, penitenciar-se, pagar um preço — que, às vezes, não é somente a inabilidade do indivíduo de vivenciar o prazer e a tranquilidade, mas também de apreciar a própria vida.

Um bom exemplo pode ser a vida — e, enfim, a trágica morte — de Primo Levi. Ele sobreviveu aos campos de concentração e se tornou um grande escritor. Depois cometeu suicídio.

O que é o medo do sucesso? Isso existe realmente, ou muito já se falou sobre quando, na verdade, tudo não passa, de uma miragem? Talvez. O fracasso nos negócios ou nas artes, ou em qualquer outro empreendimento, pode ser real — o resultado de uma queda na bolsa de valores ou de um mau aconselhamento profissional, ou às vezes simplesmente de má sorte. No entanto, quando acontece repetidamente, outra coisa está atuando com bastante intensidade. Geralmente, é um sentimento corrosivo de culpa por ter uma vida melhor que a dos outros, uma sensação de não merecer tanto. Para alguns, o sucesso é equivalente a derrotar as outras pessoas, destruí-las. O sucesso torna-se um palavrão, evidenciando que o indivíduo está, de alguma forma, usufruindo de algo que não merece. É difícil confessar e aceitar a responsabilidade final pelo sucesso — "Deve ter sido um acaso, um acidente. Não posso acreditar que meus esforços foram bem-sucedidos." A crença subliminar é de que eu não mereço o sucesso e, se o obtiver, devo me desfazer dele, miná-lo, bagunçar tudo. Falamos sobre o medo do fracasso, mas o medo do sucesso é tão problemático quanto.

Alan montou um pequeno negócio que parecia ir muito bem. Para geri-lo, era necessário ter conhecimentos especializados sobre peças esotéricas colecionáveis, e ele treinou bastante. Desenvolveu uma reputação como especialista no ramo. Entretanto, quando o negócio estava prestes a se tornar o que deveria ser, ou poderia ter sido — um sucesso fenomenal —, ele acabou se sabotando. Ia para o escritório e, em vez de se ocupar das coisas importantes que precisavam ser feitas, priorizava assuntos insignificantes. E essa não era a primeira vez. Ele tinha um histórico de começar projetos, alcançar certo grau de sucesso e, então, perder o interesse.

Além disso, as coisas não estavam bem em seu casamento. Por mais que amasse a esposa, vinha evitando ter relações sexuais com ela havia anos. Ele não entendia por quê. Ela desistiu de reclamar, porque Alan se tornou evasivo e defensivo. Eles haviam decidido, antes de se casar, que não teriam filhos. A mulher tinha uma carreira sólida e se dedicava a ela, e evitava insistir no assunto da intimidade entre eles.

Alan começou a terapia porque, finalmente, reconheceu que estava numa encruzilhada em seu negócio e que sua vida pessoal também não estava bem. Depois de vários meses, ele mencionou o seguinte sonho: "Estava assistindo a um jogo de basquete feminino. Um dos times era de uma universidade tradicional, composto, principalmente, por mulheres altas e brancas. O outro time era formado por mulheres baixas de uma faculdade pública, notadamente inferior. O time da faculdade pública ganhou. Comecei a chorar de felicidade pelo resultado." Ele revelou que o time vencedor era considerado a zebra da liga. O fato de as mulheres desse time serem baixas levou Alan a fazer a associação de que elas seriam as prováveis perdedoras. Ele continuou dizendo que, geralmente, torcia pelos perdedores e, na vida real, ficava completamente comovido quando um time tido como a zebra vencia a partida. Por quê? Porque ele se sentia um provável perdedor e, portanto, sentia afinidade com os azarados. Ele enxergava o pai como um vencedor, quem tinha poder, em contraste com ele mesmo, o perdedor. Alan queria vencer, mas não conseguia. Precisava de alguém para ser o vencedor, de modo que pudesse admirá-lo, e supunha que, justamente por esse fato, esse alguém poderia tomar conta dele. Como perdedor, Alan não teria que assumir responsabilidades, e não precisaria sentir culpa de ser mais bem-sucedido que o pai.

Alan, o mais velho de três irmãos, foi criado por uma babá. A mãe era uma mulher de negócios que estava sempre ocupada. O pai era bem-sucedido, alcoólico e exibicionista. Ele sentia a necessidade de ser o mandachuva da família. Somente estava interessado em falar do seu sucesso e demonstrar quanto era bom. Era um hábil marinheiro, um campeão no tênis e muito habilidoso nas tarefas domésticas da casa. E não tinha tempo ou interesse por seu filho. Se Alan executasse bem alguma tarefa, o pai dava de ombros. "Não foi bom o suficiente", ele parecia dizer. "Eu poderia ter feito melhor."

Alan era inteligente, mas tinha um desempenho escolar muito abaixo do seu potencial. Contudo, ninguém se importava com isso. Alan também não se importava, e não tentava de fato mudar a situação. Depois de sua formação escolar, envolveu-se em algumas atividades ambiciosas, nas quais era bom, mas não havia futuro algum naqueles empreendimentos. Serviam mais de passatempos desafiadores.

Alan sentia que o pai era o vencedor por muitas razões, uma das quais era o fato de ele ter a esposa, mãe de Alan, ao lado. Alan alimentava um forte desejo pela mãe, que descreveu como uma mulher excepcionalmente bonita. A mãe era o prêmio e, embora o desejasse, sabia que era proibido. O sucesso era uma posição desejada, mas temível. Significava assumir responsabilidades que ele nunca iria alcançar. O sucesso e a responsabilidade eram para os outros, não para ele. Sim, o sucesso envolvia responsabilidades pelas quais ele ansiava, mas ficava em dúvida se algum dia poderia alcançá-las, e não queria correr o risco de tentar. Em vez disso, Alan se tornou passivo e desinteressado.

A dinâmica que estava em operação costuma ser reproduzida sob várias formas, baseada na situação triangular entre pais e filhos. Há o filho que quer assumir o lugar do pai. Há o pai que é ameaçado pelo filho jovem e sente que precisa esmagá-lo e derrotá-lo em qualquer competição. Há a mãe que, como "rainha", relembra à filha que planeja manter-se na posição dominante. Os filhos de tais relacionamentos, o clássico triângulo edípico, geralmente sentem-se culpados por seus desejos e desenvolvem temores de ser bem-sucedidos. Eles se sabotam das mais variadas maneiras. Aqui, mais uma vez, a fantasia e o desejo são equivalentes à realidade.

Atletas na iminência de atingir o sucesso podem vacilar e perder a posição. Musicistas jovens, talentosos e premiados desenvolvem sérios bloqueios e não conseguem executar seus instrumentos. Executivos que trabalharam arduamente para chegar ao topo mudam de empresa quando estão prestes a ser promovidos. O ponto decisivo em muitos desses casos é subjetivo, com base na fantasia de que ir além de certo limite é perigoso, porque há responsabilidade demais, exposição demais e sucesso demais. Para tais indivíduos, a não ser que consigam ter algum discernimento, sabotar o próprio sucesso é a única maneira de solucionar o dilema.

Com a terapia, Alan compreendeu os sentimentos subjacentes em relação à família e como ela se relacionava com ele. Estava mais sintonizado com a raiva e sentindo falta do apoio dos pais, que não tinham disponibilidade nem qualquer interesse nisso. Depois de algum tempo, Alan foi capaz de admitir que o negócio era dele, não do pai. No fim, conseguiu perceber que seu sucesso ou fracasso tinha a ver com seu modo de proceder. Ele não precisava mais se sentir culpado nem se perceber como um provável perdedor. Finalmente merecia ganhar.

O crescente sucesso de Alan nos negócios também refletia outro dilema. Quando fechava um acordo no qual sua margem de lucro era maior do que ele achava que deveria ser, sentia-se culpado. Baixava até mesmo o preço de certos itens, quando não precisava fazer isso. Ele era muito sensível ao fato de querer ser justo, e precisava assegurar-se de que não estava se aproveitando de quem quer que fosse. De fato, quando soube que outras pessoas em seu ramo de negócio estavam operando com uma margem maior de lucros, Alan ficou perturbado. Subjacente a isso, como ficou evidente, estava um motivo que era exatamente o oposto. Ele, na verdade, não queria trabalhar, apenas queria ganhar muito dinheiro. Entretanto, era incapaz de aceitar um desejo tão mesquinho. De fato, Alan tinha dificuldade de aceitar os impulsos primitivos de ser competitivo, vencer, conseguir as coisas com facilidade. Para ele, somente havia o trapaceiro ou o santo, sem meio-termo. Então, escolheu ser o santo, provando a si mesmo que ganhava honestamente o que possuía.

Muitas pessoas tentam atenuar o temor de seus impulsos mais primitivos para a agressão, o sexo, a fome e a mesquinharia, como se não fizessem parte da natureza humana, negando-os, tentando permanecer acima disso. Elas tentam se manter civilizadas e refinadas. O problema é que todos nós carregamos esses impulsos e temos que domesticá-los para viver em uma sociedade civilizada. Contudo, se continuarmos a negá-los, nos depararemos com conflitos que causam tensão, culpa e, em alguns casos, fracasso.

Capítulo 5

Repetição de comportamentos no trabalho

O que você quer ser quando crescer? Essa pergunta, feita várias vezes às crianças assim que elas começam a falar, é um indício da importância que damos ao trabalho. Elas, motivadas ou não, ponderam e exploram, através de jogos e da imaginação, o que serão quando crescer. Elas mudarão de ideia milhares de vezes. Copiarão os pais, ou, então, rejeitarão suas escolhas. Podem querer imitar uma celebridade ou depositar sua esperança em ser o melhor, o maior jogador de basquete de todos os tempos — mesmo com apenas 90cm de altura. As crianças têm sonhos grandiosos: "Primeiro vou ser um atleta olímpico, porque sou um bom nadador. Então, depois, vou ser advogado, vou para Washington e vou mudar todas as leis que não funcionam. Ou serei uma estrela do rock, e depois um jogador de futebol, mas não quero ser médico, porque eles trabalham demais. Quero ser veterinário porque adoro animais, e meu cachorro está doente". As crianças veem o mundo por meio de suas limitadas lentes e, geralmente, enxergam e nos transmitem algumas coisas surpreendentes e uma percepção impressionante da realidade. Tal percepção costuma ser uma compreensão do modo que seus pais se relacionam com o mundo e o trabalho que desempenham.

Então, de que maneira as crianças poderão encontrar satisfação em um esforço que, possivelmente, consumirá boa parte da vida futura delas? O trabalho será apenas um meio de ganhar a vida, ter um contracheque, sobreviver financeiramente, ou será uma maneira de enfrentar desafios, de crescimento e de realização pessoais? Se o indivíduo tiver sorte, e talvez sabedoria, poderá escolher um trabalho que seja adequado à sua personalidade, às suas necessidades mais profundas. Já foi dito que a verdadeira maturidade começa quando há satisfação no amor e no trabalho. Contudo, qualquer que seja o emprego, da escolha ou não da pessoa, o trabalho costuma pressupor interação com os outros, mesmo hoje em dia, quando muitas das tarefas são realizadas fora do local de trabalho. Ainda assim é preciso se relacionar com chefes, colegas, consumidores ou clientes. Sabemos que, independentemente da competência pessoal, da eficiência na realização do trabalho, do prazer pelo trabalho em si, podem surgir problemas — quase sempre surgem — quando qualquer um de nós interage com outras pessoas. Procuramos pôr fim a uma questão rapidamente em nome da paz e da harmonia? Somos competitivos, empenhados em derrubar os outros? Temos ideias preconcebidas, expectativas inconscientes de que aqueles com quem trabalhamos serão cooperativos, tirânicos ou submissos? Será que as outras pessoas estão querendo nos derrubar?

O sucesso e a satisfação no emprego, às vezes, têm menos a ver com competência e mais com relacionamentos interpessoais. Muitos de nós conhecemos pessoas competentes que foram remanejadas porque irritavam aqueles com quem trabalhavam. Da mesma forma, pessoas brilhantes e talentosas que não foram além de um certo nível por sua inabilidade em entrosar-se com chefes ou colegas. Algumas dessas pessoas pulam de emprego em emprego culpando os colegas de trabalho pelas próprias dificuldades. No entanto, elas migram para novos empregos e se veem envolvidas novamente no mesmo tipo de problema.

A essa altura já está evidente que as experiências infantis e os familiares moldam os relacionamentos na vida adulta. O que é bem menos compreensível, talvez, é que essas experiências também afetam nossos relacionamentos no local de trabalho. Assim, o chefe se torna a imagem de um dos pais; um colega torna-se um irmão ou uma irmã. Um pai severo torna-se um chefe opressor. Uma irmã competitiva torna-se uma rival cruel. Tais percepções no local de trabalho são distorcidas por aquelas relações problemáticas anteriores e mal resolvidas. Até que elas sejam alteradas, as pessoas continuam agindo do mesmo modo, porque percebem as situações da mesma maneira. Um executivo sênior de marketing continua a procurar mensagens nas entrelinhas em tudo o que o chefe diz — não porque o chefe é um fingidor, mas porque a mãe do executivo era uma especialista nisso.

Levamos as nossas experiências pessoais para o trabalho. Podemos trabalhar duro e ser competentes, mas levamos nossa personalidade, nossas histórias, nossos relacionamentos anteriores com pessoas significativas e, como a essa altura você já deve saber, geralmente tendemos a repetir aqueles relacionamentos no ambiental profissional.

Exatamente como levamos uma bagagem para a vida a dois, fazemos o mesmo perante o ambiente corporativo. Howard começou a falar de si num tom sereno, calmo. Ele tinha 35 anos, era bem-casado e tinha dois filhos. Além disso, possuía MBA e estava empregado como gerente em uma empresa da Fortune 500, ganhando um salário de seis dígitos, além de bônus anuais substanciais. Esse era seu terceiro emprego desde que concluíra o mestrado, cerca de dez anos atrás.

— Amo meu trabalho e sou bom no que faço — disse.

Por que ele havia deixado seus dois empregos anteriores?

— Ninguém me despediu. Deixei porque quis.

Sua competência nunca foi questionada. Entretanto, disseram-lhe — embora não com essas palavras — que a "química" não estava dando certo, e que seria melhor que ele procurasse outro emprego. Em conversas particulares e em relatórios de desempenho, Howard era descrito como tendo uma personalidade "áspera". O comportamento dele era tudo, menos "áspero". No entanto, ele estava começando a se mostrar no novo emprego, da mesma forma que havia se apresentado nos anteriores — uma pessoa desagregadora, controvertida e difícil. Howard esbarrava nesses problemas com os colaboradores, mas, principalmente, com os chefes. Achava que não tinha o reconhecimento que merecia, ou que o chefe não apoiava seu trabalho.

— Veja bem, sou um cara sensato — disse ele — e gosto de resolver as coisas racionalmente. Mas, quando meu chefe viu meu esquema e questionou minha abordagem, fiquei furioso. — Ele reconhecia que havia passado por problemas semelhantes anteriormente, e decidiu que deveria fazer algo a respeito. Disse que, em geral, não perdia a calma, mas, quando obstáculos eram colocados no seu caminho e seus esforços não eram reconhecidos, ele se descontrolava e entrava em conflito com os outros. Apesar de estar ciente de que sua perda de controle era um problema, tinha certeza de que sua raiva era provocada pelos outros.

Perguntei a Howard sobre sua infância, e ele deu de ombros e sorriu, como se dissesse "todos os psiquiatras fazem essas perguntas", mas também satisfez minha curiosidade.

— Pode-se dizer que tive uma vida cheia de aventuras — respondeu.

O pai de Howard era um executivo, representante de uma empresa norte-americana com várias subsidiárias ao redor do mundo. Os instáveis países do terceiro mundo nos quais Howard cresceu estavam em constante revolta, com tumultos e saques. Embora estivesse matriculado em uma escola americana, ele se sentia desprotegido e em perigo, assim como toda a família.

— Meu pai era um cara austero — disse Howard. — Por isso a empresa o enviava para essas regiões de conflito.

A mãe de Howard, no entanto, não gostava da atmosfera agitada de terceiro mundo. Ficava zangada com o marido e protegia os filhos, o que contribuía para criar tensão na família. A mãe dizia: "Por que ele nos traz para esses lugares tão desolados?" Ela sentia medo e, consequentemente, os filhos também.

O pai de Howard esperava que os dois filhos fossem tão firmes e viris quanto ele.

— Papai era uma figura impressionante. Ele realmente era muito duro comigo. Nunca conseguia fazer nada que lhe agradasse.

Aqui começava a psicoterapia de Howard. Conforme prosseguimos revelando os reais contornos de sua vida familiar pregressa, alguns padrões começaram a aparecer, e ele conseguiu colocá-los lado a lado.

— Nos negócios, você tem que ser um competidor, e aprendi tudo sobre competição com meu pai.

O pai não era apenas competitivo nos negócios como também com o filho. Ele era aquele que expunha a esposa e os filhos a um ambiente ameaçador. Então, sentia que, em sua posição paterna, tinha que lutar contra as ameaças também. Havia uma guerra entre dois campos na família. O campo 1 era formado por Howard, a mãe e a irmã mais nova. O campo 2, por seu pai, a filha mais velha e o filho mais novo.

— Acho que fui uma criança muito sensível — lembrou Howard. — Ficava ainda mais sensibilizado com a sensação de que tinha que proteger minha mãe e minha irmã. Depois de meu pai, nenhum outro chefe poderia ser tão difícil de encarar.

O pai de Howard ameaçava toda a família, alardeando, em todas as situações, que era a autoridade inquestionável. Era um ambiente de constante intimidação. Ou eles se curvavam de medo e se conformavam com uma submissão escrava, ou o confrontavam, como Howard fazia, o único na família que expressava abertamente suas opiniões. Isso o deixava em maus lençóis com o pai, mas ele não entregava os pontos. De tanto ser ameaçado e insultado, Howard se tornou irritadiço e vingativo. Entretanto, se não fosse provocado, mantinha-se calmo. Como não podia expressar sua raiva livremente, ele projetava os sentimentos nos outros, especialmente naqueles que julgava ser injustos ou intimidadores. Howard percebia o mundo, e mais especificamente aqueles que estavam no poder, como uma ameaça. Não poderia permitir que fossem bem-sucedidos nas suas tentativas de amedrontá-lo. Sentia-se compelido a confrontá-los e considerá-los como adversários. Depois que se traumatizou com o pai, manteve-se atento àqueles que poderiam prejudicá-lo.

Howard era muito sensível ao desdém alheio. Ele precisava ser reconhecido, e, quando se sentia ignorado ou que não haviam lhe dado o crédito que merecia, enfurecia-se. O pai o tratava como se fosse um ser desprezível, e Howard não conseguia tolerar reações que não valorizassem e reconhecessem suas realizações. Às vezes, respondia de modo exagerado — mesmo quando a provocação era mínima. Entretanto, sentia-se justificado, porque na sua cabeça estava protegendo o que considerava correto e justo. Estava protegendo a mãe. E continuava reproduzindo essa história. Protegia-se da repetição do tratamento que recebera no passado.

A perspectiva da autodestruição, porém, reside nas reações exageradas e na sensibilidade extrema. Ele estava tentando administrá-las e derrotar o agressor injusto e hipócrita. Para ele, era uma batalha de vida ou morte provar a si mesmo que não seria dominado injustamente. Não se deixaria vencer na busca da autonomia para escapar da influência daqueles que poderiam se aproveitar de sua fraqueza.

O resíduo de raiva subjacente e a sensibilidade sob constante ameaça estavam profundamente arraigados. Howard precisava se relacionar com alguém que o considerasse de posição de autoridade, mas que não estivesse interessado em intimidá-lo. Precisava de alguém que pudesse entender tanto ele quanto suas aflições. E foi isso o que procurou num terapeuta. Na relação com alguém capaz de ouvi-lo, livre de julgamentos, pôde perceber a natureza repetitiva de seu comportamento no local de trabalho. Conseguiu entender e trabalhar sua hostilidade para com o pai. Conforme sua relação com ele tornava-se menos importante para Howard, mais conseguia adotar uma postura imparcial perante os desafios — embora ainda não pudesse suportar aqueles que o humilhavam agressivamente.

Sob determinadas circunstâncias, é necessário manter distância do agente provocador. Howard escolheu procurar uma posição na qual pudesse estar fora do local de trabalho, distante do chefe, para aliviar o constante aborrecimento e a provocação do contato presencial. Gradativamente, conseguiu se relacionar com figuras em posição de autoridade de uma maneira mais apropriada. Foi capaz de aceitar o fato de que poderia ter ido mais longe na carreira se não tivesse que carregar consigo o peso de suas iras e ressentimentos. Contudo, ele estava grato por ter conseguido lidar mais facilmente com aqueles indivíduos investidos de autoridade.

Arthur era contador, dos mais bem-sucedidos em seu ramo, e atuava em uma área que exigia atenção em cada detalhe. Ele era uma pessoa precisa e meticulosa, e tais traços de personalidade eram recursos valiosos em sua ocupação. Arthur foi aprovado em uma série de exames para se tornar um especialista. Trabalhava duro e os resultados de seu trabalho eram excelentes. Entretanto, constantemente entrava em conflito com aqueles que eram negligentes, cometiam erros, não trabalhavam tanto nem tão arduamente ou cuidadosamente quanto ele. Com uma forte e justificada indignação, criticava colegas de trabalho e chefes que não eram tão competentes e diligentes quanto ele, mas, mesmo assim, ocupavam posições mais importantes. Pequenas coisas deixavam-no furioso. Ele perdia a paciência com desfeitas hipotéticas, o que o colocava repetidamente em conflito com os outros. Ao mesmo tempo, era muito sensível ao menor sinal de que não estava sendo apreciado pelo que fazia. Sentia-se uma vítima, um mártir, aquele que se sacrificava em nome de todos. Sentia-se cronicamente subjugado e sobrecarregado, como se fosse sua responsabilidade, e somente sua, fazer o trabalho corretamente. Em sua cabeça, ele era indispensável. Entretanto, em períodos de pouco trabalho, sentia-se inútil, achando que estava trabalhando menos que sua capacidade. Uma vez, mudou de emprego porque ficou furioso com o fato de a empresa não lhe ter dado o bônus que julgava merecer. E fez isso novamente. E mais uma vez. Em cada novo emprego surgia o momento em que havia a repetição do mesmo problema, a mesma fúria.

Alguma coisa estava errada. E Arthur era inteligente o suficiente para perceber isso. E, por isso, buscou a terapia. Assim que detalhou seu problema, começou a falar do pai:

— Meu pai dava tudo para minha irmã — disse ele. — Ele relevava os erros dela, mas isso não acontecia comigo. Não me dava nada, a não ser censuras e sordidez.

Arthur descreveu o pai como um homem inteligente e socialmente ativo, mas mesquinho e rancoroso.

— Tentei agradá-lo e nunca consegui. Minha irmã criava confusão em todos os lugares e ele vivia aliviando o lado dela, uma trapalhada atrás da outra.

Os pais se divorciaram quando ele estava no ensino médio, o que, segundo Arthur, foi uma bênção. Eles nunca haviam se dado bem, brigavam constantemente e, ao menos sob o ponto de vista de Arthur, descontavam toda a raiva nele.

“Cisão” é um termo que descreve a tendência de perceber as pessoas como boas ou más, certas ou erradas, pretas ou brancas, e era isso o que Arthur fazia. A mãe era doce e atenciosa — ou fria, desconfiada e descontente. Sempre estava procurando evidências de que estava sendo enganada. O pai era inteligente mas egoísta e vingativo. No relacionamento de Arthur com a esposa também havia elementos de cisão. Ela era quieta, amável e cuidadosa — ou incompetente e desleixada.

Tal cisão foi transportada para o local de trabalho, onde todos os chefes, assim como os colegas, eram vistos como bons e, depois, maus. Arthur sentia-se constantemente dividido. Havia sempre inquietação e mal-estar. Era como se ele apenas pudesse se sentir vivo e real sob permanente estimulação, geralmente baseada em contrariedades. Arthur buscava a mágica que tornaria as coisas melhores. A perspectiva de um novo emprego significava que todos os problemas estariam resolvidos, que ele seria apreciado e respeitado. Entretanto, não levava muito tempo e os problemas recomeçavam, com novos chefes e colegas de trabalho. Ele passava a inspecionar e a criticar todo mundo. Ficava atento, sempre esperando que alguém cometesse uma injustiça contra ele.

Sempre que chegava atrasado à terapia perguntava:

— Sei que estou atrasado, mas você poderia compensar o tempo?

— A sessão só tem 45 minutos — eu dizia.

Ele insistia que tinha direito à sessão inteira. Eu explicava que passar do horário com ele significaria fazer as outras pessoas esperarem, e que isso iria desorganizar minha agenda. Ele não se importava. Queria o tempo integral, apesar de ser ele o causador do atraso. Era incapaz de ver o impacto de seu comportamento nos outros. Tinha pouca consideração ou empatia com alguém.

Arthur contava com excelentes condições financeiras, mas vivia frugalmente, sempre preocupado em não conseguir chegar ao fim do mês. "Tentam me roubar em todos os lugares. Sempre verifico minhas contas, pois eles cometem erros, e, quando percebo um erro, faço questão de sinalizar." Privação era a palavra-chave. Arthur nunca tinha o suficiente, e a maioria das pessoas não o tratava convenientemente. Seu bônus já era maior que o dos colegas de trabalho, mas, segundo ele, deveria ser ainda maior.

— Eu ganhei. Trabalhei muito mais do que eles e meu bônus foi apenas uma parcela do que poderia ter sido. Os outros se dão bem em tudo. Os colaboradores e os chefes são incompetentes. Agem displicentemente, enquanto eu verifico e confiro tudo.

Essa atitude ficava evidente para os outros ao seu redor. “Ninguém quer almoçar comigo”, disse ele certa vez. “Ninguém nunca me chama para sair depois do trabalho, mas, de qualquer maneira, quem é que gostaria de passar mais tempo com aqueles idiotas?”

Foi difícil para Arthur aceitar a ideia de que suas atitudes permeavam a maneira da qual se relacionava. Embora afirmasse nunca ter expressado tais coisas verbalmente, ele não conseguia entender o conceito da comunicação não verbal. Era completamente incapaz de se colocar no lugar de outra pessoa. As situações eram do jeito que ele via, e qualquer um que as visse de outro modo estava errado.

Arthur era bravo. A mãe havia sido uma pessoa brava. O pai fora bravo. Deu bastante trabalho fazer que Arthur visse tudo isso e permitisse que a mágoa e o desapontamento se tornassem reais para ele, mais reais que palavras soltas. Há outras dinâmicas operando no caso de Arthur. Ele vivenciou seu crescimento — suas privações, o tratamento desfavorável que recebeu comparado ao da irmã — como uma bofetada. O tratamento punitivo e severo tornou-se um modelo para o modo de lidar consigo mesmo e com as pessoas. Não havia espaço para Arthur expressar a raiva que crescia entre ele e os pais. Como resultado, desenvolveu um senso de consciência punitivo. Seu mundo estava dividido entre o certo e o errado, entre o bom e o mau, e ele tinha que ser bom, ele tinha que ser correto. Tinha que ser correto ou as consequências seriam o desapontamento e a censura. E isso ele não podia suportar.

Por fim, e, principalmente, pelo trabalho terapêutico, Arthur tornou-se consciente de sua visão egocêntrica do mundo. Começou a enxergar conexões entre o modo de ser tratado pelos pais e o modo deles interagirem entre si e com o mundo à volta. Gradativamente, percebeu que, apesar de ver o mundo como preto ou branco, certo ou errado, a maior parte da vida, particularmente nos relacionamentos não era assim. Ele começou a ver que nem todas as situações podiam ser reduzidas a preto ou branco.

Um grande momento de mudança aconteceu enquanto Arthur falava, de maneira bastante impetuosa, do chefe. Abri um parêntese com o seguinte comentário:

— Minhas interpretações podem não ser sempre precisas, mas a sua reação ao seu chefe pode ser vista de um modo diferente do qual você a vê.

— O que você quer dizer? Você não sabe se está certo ou não? — perguntou ele.

Não respondi.

— Você não sabe o que está fazendo? — perguntou. — Como posso confiar em você se seus comentários não estão corretos?

— Tento entendê-lo, mas nem sempre é fácil — disse.

Arthur ficou chocado. Ele nunca levou em consideração essa possibilidade. Nunca pensou em olhar para os relacionamentos de outra forma que não fosse a sua. Era extremamente autocentrado e eu apontei-lhe isso: "Você se defende contra possíveis críticas fechando-se contra pontos de vista alternativos. Você tem que acreditar que está certo, porque vê as coisas como certas ou erradas, sem considerar outras possibilidades. No seu ponto de vista, você tem que estar certo, porque, se não estiver, então estará errado, e isso o deixará vulnerável a julgamentos negativos. Mas ao ver as coisas do seu modo, você exclui a possibilidade de pontos de vista alternativos. Nenhum de nós, nem você nem eu, está certo o tempo todo.

Acrescentei também que, para mim, essa necessidade de estar sempre certo expunha, de fato, sua intensa dependência, sua necessidade de depender de alguém infalível. Foi devagar. Foi bem devagar. Porém, Arthur começou a se tornar mais compreensivo. Com a esposa, particularmente, seus acessos de raiva diminuíram quando se dispôs a ouvir suas explicações sobre ter que comprar ou fazer algo. As arestas começaram a ser aparadas. A raiva contra os pais permanecia, mas ele estava mais aberto e disposto a perdoar as pessoas no trabalho. A sensação de vazio e de ser trapaceado sumiu, e ele se deu conta de que, embora algumas pessoas talvez quisessem se aproveitar dele, não podia generalizar e supor que todas estavam agindo desse modo.

Arthur começou a compreender o grau de identificação que tinha com cada um dos pais. Viu como os conflitos entre eles tornaram-se os seus, projetados no ambiente. A tendência de tomar partido, de ver uma pessoa como certa e a outra como errada, representava sua expectativa e, de fato, sua necessidade de perpetuar os conflitos com os quais crescera. Inconscientemente, suas percepções e ações baseavam-se numa profecia — de que o mundo como um todo era a reprodução de sua família de origem. Esperava encontrar facções em guerra, e as encontrava. Esperava que alguém tirasse proveito dele, e descobria que alguém de fato estava fazendo isso. Ele esperava ser enganado e encontrava razões para convencer-se de que realmente estava sendo.

Agora, via os pais como pessoas infelizes, e conseguia se distanciar e ser mais objetivo em relação a eles. Em vez de levá-los a sério, mantinha-se à margem e não entrava em discussões. Como observador, conseguiu avaliar todas as características que via em si e das quais não gostava. O contato com os pais tornou-se menos frequente e, com isso, Arthur enfrentou um período de tristeza e arrependimento. Tristeza ao avaliar quanto fora magoado por eles, arrependimento de todo o sofrimento que suportara por identificar-se com eles. Arrependia-se da impaciência e da raiva que sentira dos outros, que, agora reconhecia, não eram merecidas. O interessante no distanciamento de Arthur dos pais foi que isso, simplesmente, aconteceu. Não foi forçado. O contato tornou-se menos satisfatório e desejável. Ele começou a se ligar mais na família e no trabalho. Deixou de se perturbar com as coisas e procurar um paliativo para querer melhorar tudo. Ao se tornar menos autocentrado, Arthur amadurecia. Tristemente, não podia mais contar com os pais para aprovação ou consolo, porque somente conseguiria isso queixando-se das injustiças e dos insultos que os outros lhe fizeram — atitudes que coincidiam com as perpetradas pelos pais. Um preço muito alto pelo apoio que recebia sendo a vítima. Ele não queria continuar com aquilo. Sofreu muito durante o processo, mas o sofrimento foi infinitamente preferível à maneira triste e defensiva com que vinha conduzindo a própria vida. Ele se tornou, finalmente, a pessoa que queria ser, o adulto que podia apreciar a vida e os relacionamentos. Mesmo que não fossem perfeitos.

Pessoas como Arthur e Fred sofrem de intensos sentimentos de culpa. Punem-se, não sendo bons consigo mesmos, não se permitindo apreciar a vida. São tensos e medrosos, e têm a sensação de que estão sob a lente de um microscópio, onde qualquer pensamento, ação ou sentimento são escrutinados. Eles têm medo de sua condição humana básica — isto é, seus sentimentos, sonhos, fantasias — porque foram expostos a ódios e castigos muito intensos. Estão convencidos de que, se relaxarem, pensarão, farão ou sentirão coisas ruins. E, então, sentirão a ira dos poderes superiores. Para se proteger de si mesmos, para proteger os outros de sua raiva intensa, eles têm que ser perfeitos. Por causa desse estado de tormento e tensão, se veem em situações nas quais o castigo temido às vezes torna-se realidade. A tensão causa cansaço corporal, manifesto na forma de queixas físicas, além de problemas com os outros. O comportamento passivo-agressivo também pode ser manifestado, levando pessoas a se ofender por coisas que são ditas ou feitas. O indivíduo não consegue entender por que os outros o evitam — já que não percebe a natureza hostil do próprio comportamento. Ele se considera inocente. Assim, o medo do castigo provoca justamente o acontecimento temido.

Há outra reação, entretanto, para esse medo de um castigo severo, que é quase o oposto disso — um comportamento desafiador, rebelde e arriscado. Tais indivíduos não se importam com o que os outros sentem. Expressam seus sentimentos sem considerar as consequências. O resultado é que essas pessoas se veem repetidamente em apuros, mas sentem-se justificadas. Vale lembrar que Fred tentou agradar os pais exigentes e punitivos até desistir de tudo. Começou a se comportar de maneira desafiante e, possivelmente, perigosa, prestes a fazer coisas que poderiam ter causado uma devastação em sua vida. Felizmente, conseguiu perceber seu comportamento. Ele, assim como Arthur, conseguiu mudar. Ambos conseguiram lidar com os maus-tratos que receberam — e, também, com a raiva resultante.

Samantha tinha uma história totalmente diferente. Para começar, há duas coisas nela dignas de nota. A primeira é que ela era uma mulher impressionantemente bonita. A segunda é que ela não tinha a menor ideia disso. Eu nunca tinha encontrado tamanha discrepância entre as percepções externa e interna de alguém.

Ela me procurou por uma questão bastante prática. "Estou tendo problemas para priorizar meu tempo, minhas tarefas e meus objetivos", disse, assim que se instalou no meu consultório. "Talvez você possa me ajudar a elaborar uma lista diária de 'coisas a fazer', para eu ter certeza de que estou conseguindo cumpri-las. Minha casa é uma bagunça. Há papéis por todo lado. Não consigo suportar isso, e meu marido também não."

Pareceu-me que esse era um pedido estranhamente limitado. Pensei que algo relativamente simples como aquilo não iria desconcertar uma mulher com a inteligência e cultura de Samantha. Aos 40 anos, ela estava se saindo bem no emprego na área de marketing de uma das corporações da Fortune 500. Formou-se em uma boa universidade e em uma boa escola de comércio, e, depois de enfrentar uma competição acirrada, conseguiu um emprego em uma grande e poderosa empresa. Alguns de seus trabalhos haviam sido brilhantes. Ela percebia, porém, que, apesar de suas boas avaliações e dos bônus respeitáveis, outras pessoas estavam sendo promovidas a cargos mais altos que o dela. Embora não fosse de modo explícito, ela recebia a mensagem de que seu trabalho não estava tão organizado quanto deveria.

Quando comecei a investigar mais profundamente seu passado e sua infância, Samantha impacientou-se. Ela queria se fixar no problema que tinha em mãos, o que, para ela, era a administração do tempo.

Ora, alguns pacientes são assim. Isso acontece devido ao simples fato de a assistência médica administrada ter encorajado as pessoas a fragmentar seus problemas de saúde mental em pequenas partes, para que possam ser focados especificamente e corrigidos com presteza. Além disso, nesses pacientes, a pressão vem de dentro. Eles querem definir e controlar o problema para evitar uma investigação mais profunda. E muitos terapeutas de diferentes correntes concordam com isso. Preferem lidar com as questões do comportamento imediato. De fato, Samantha já havia se consultado com um profissional que lhe dera sugestões para administrar o tempo e dicas de como poderia ajeitar a bagunça em casa, fazendo uma coisa de cada vez, no estilo passo a passo. Ainda assim, não demorou muito para que ela voltasse ao ponto de partida. E, então, veio até mim.

"Você está tentando colocar um curativo num problema maior", disse, depois que ela resolveu me falar da família. Tentei me ater ao que ela contou e estabelecer algumas conexões. Embora Samantha não quisesse ouvir, teve que admitir que nunca havia percebido qualquer relação entre seus sintomas atuais e seu passado. Mencionei que o tipo de terapia que eu fazia exigia o reconhecimento de que o presente estava relacionado com o passado. Disse-lhe que teríamos que compreender a dinâmica do seu comportamento. Somente assim ela conseguiria lidar com o problema.

Samantha decidiu pensar no assunto. Fiquei algumas semanas sem receber notícias, mas tinha uma forte sensação de que ela retornaria e, de fato, ela voltou.

— Não estou satisfeita com esse método — disse. — Mas tenho que fazer algo, já que o outro caminho não funcionou. Então, aqui estou. As palavras soaram com um ar de resignação ansiosa.

O que não tinha ficado tão óbvio anteriormente era o alto nível de ansiedade de Samantha. Ela falou sob um intenso estresse e despejou uma série de preocupações sobre onde tudo isso iria dar e sobre ser desviada do seu objetivo de lidar melhor com o tempo e a organização.

— Você está com medo de descobrir coisas sobre si que não gostaria de saber? — perguntei.

Ela concordou, mas teve que admitir que não sabia o que poderia ser. Disse-lhe que algumas questões estavam na base de seu comportamento ansioso, o que resultava em problemas de administração de tempo e organização. Expliquei-lhe que eu não poderia ler sua mente, e não sabia o que iríamos descobrir, mas que seguiríamos juntos nessa trilha de investigação. Para que o processo de descoberta se realizasse, ela precisaria me dizer tudo o que lhe viesse à mente e me contar seus sonhos. Imediatamente, Samantha se manifestou dizendo que aquilo não fazia o menor sentido para ela, mas que tentaria, e começou a se lembrar de um sonho que havia tido algumas noites atrás.

Antes de discutir o sonho de Samantha, é preciso entender o papel dos sonhos na psicoterapia psicodinâmica. Eles desempenham um papel fundamental para a solução dos padrões de personalidade repetitivos e autossabotadores, e para a psicoterapia de um modo geral. A interpretação dos sonhos foi alvo de chacota e zombaria em muitas piadas e caricaturas, mas, parafraseando Freud, "as pessoas negam as minhas teorias durante o dia, mas sonham com elas durante a noite".

Os sonhos são a "estrada real que conduz ao inconsciente",[1] uma maneira poderosa de auxiliar o processo de tornar consciente o que está inconsciente. A importância dos sonhos foi recentemente comprovada na neurociência.

O processo de tomada de consciência da vida interior e do comportamento do indivíduo através dos sonhos é como decifrar um enigma, resolver um quebra-cabeça. Os sonhos não são apenas mensagens do inconsciente; eles ajudam a progredir na terapia. Sonhos recorrentes indicam que o problema ainda está presente e pedindo para ser avaliado e trabalhado. A arte de interpretá-los exige um trabalho de detetive. Os sonhos e as associações estabelecidas entre aquele que sonha e o sonho em si representam pistas, indícios do que está se passando na mente do sonhador.

Os sonhos são estimulados e deflagrados por acontecimentos do dia a dia, mas todos são uma parte do presente que repercute o passado. Entre os estímulos que recebemos durante o dia, escolhemos um acontecimento, em geral aparentemente insignificante, para sonhar. Pode ser o encontro com determinada pessoa, ouvir alguma coisa ou ver alguém na televisão. As associações nos lembram de alguém significativo ou de um acontecimento que foi importante na nossa vida. Os sonhos camuflam, condensam, substituem uma pessoa por outra, um ocorrido por outro. As associações do sonhador são importantíssimas. Por isso é arriscado tentar interpretar um sonho tomando por base seu conteúdo superficial. Os elementos do sonho têm que ser vistos como pontos de partida para associações que estimulam memórias, fantasias e desejos ocultos de nós mesmos. Sonhamos com pessoas e acontecimentos de décadas atrás, nos quais não pensávamos há anos, mas que são importantes porque despertam outros pensamentos, sentimentos e memórias. Os sonhos são uma forma de dizer a nós mesmos o que se passa em nossa mente. Eles trazem para primeiro plano dados que fazem a ligação entre o presente e o passado. E, quando nos associamos ao sonho, temos que encarar o fato de que somos os sonhadores. Embora tentemos repudiar certas fantasias, não temos escolha senão reconhecer que elas são parte de nós. Frequentemente desprezamos algo porque é apenas um sonho, mas temos que admitir que nossos sonhos são criados por nós, que cada pessoa ou acontecimento nele presente é parte do que somos. Não podemos negar que esses pensamentos estão vindo de nosso interior. Não estou falando do conteúdo superficial do sonho, mas das associações, pensamentos e sentimentos que surgem da análise e do reconhecimento dele em todas as suas ramificações. Alguns sonhos são apavorantes, enquanto outros são suaves. Alguns são engraçados, ao passo que outros expõem medos e ansiedades profundamente enraizados.

Tudo o que aflora por meio do sonho indica em que posição estamos em relação a nosso pensamento e nossos relacionamentos. Quanto mais os sonhos se tornam acessíveis ao frescor da análise, mais úteis se tornam, como se estivéssemos revelando segredos que surpreendessem até mesmo a nós, os sonhadores. Sabemos que, se esses segredos permanecerem ocultos, as mudanças dificilmente ocorrerão. Quando os segredos são revelados, por mais embaraçosos ou vergonhosos que sejam, passamos a nos conhecer muito mais. Quantas vezes um novo paciente se recusou a expor suas fantasias e sonhos, no início da terapia, afirmando: "Eu tenho medo do que posso descobrir." E a réplica: "Você vai ficar melhor se souber ou se não souber? Você está dizendo que tem medo de descobrir quem você é? Você quer continuar se escondendo de si mesmo por medo?" Muitos preferem deixar as coisas do jeito que estão. Entretanto, há outros que querem descobrir o máximo a respeito de si mesmos.

O sonho de Samantha:

"Eu estava sentada em um consultório médico. Usava apenas algo semelhante a um robe de veludo, nada mais. Estava na mesa de exame e você estava lá. Eu não conseguia descer da mesa porque o robe abria, mas acabei dando um jeito. Você estava totalmente vestido, com um paletó de tweed. Você veio e colocou o braço em volta de mim. Fiquei com medo e disse: 'Não gosto de homens.' Despertei e me senti angustiada."

Considerando que essa era a primeira vez que trabalhávamos com sonhos, expliquei a Samantha como funcionaria. Disse-lhe que usaria uma palavra ou frase do sonho como referência e que ela deveria ser seu ponto de partida para dizer o que lhe viesse à cabeça, fora do contexto do sonho. Perguntei-lhe sobre a frase "Não gosto de homens". Relutantemente, ela falou do marido e do pai.

O primeiro sonho mencionado na terapia geralmente fornece pistas estratégicas para o futuro, e isso era verdadeiro no caso de Samantha. As importantes realizações serviam para provar sua autoestima e sua habilidade em superar as dificuldades.

Levaria meses para Samantha perceber que seus problemas de "administração de tempo" estavam relacionados à preocupação em manter um controle obsessivo de tudo, não deixando que qualquer coisa fosse ser guiada pelo acaso. Ela queria se manter em constante vigilância, temendo que seus desejos, medos e impulsos se manifestassem. Na busca para afirmar o controle, derrotava a si mesma. Ser uma pessoa bagunçada também significava, para ela, não ceder às pressões; ela faria o que quisesse, quando e da maneira que desejasse. Ela não daria de mão beijada o que os outros queriam, mas resistiria, mesmo que o preço fosse a autodestruição. Não se contentaria mais com a mera "superação das dificuldades".

Conforme íamos trabalhando, mais eu passava a saber sobre a vida de Samantha, e, com isso, dos sofrimentos que haviam causado seus problemas atuais, que, na verdade, eram elaborados a partir de seu primeiro sonho na terapia e representavam associações contínuas da frase "Não gosto de homens". Antes de ela nascer, seus pais queriam um menino, e escolheram o nome Sam. Quando revelou-se ser uma menina, a mudança de nome foi simples, mas a mudança da identidade, não. Samantha sempre se achou um desapontamento para os pais, talvez por isso ela nunca tenha se sentido realmente bonita. A atenção que recebia dos homens servia para aumentar seus ressentimentos — já que percebia que era avaliada como um objeto sexual. Mesmo assim, ela utilizava o sexo para conquistar amor e poder. Isso era favorecido pelos casos extraconjugais da mãe, que Samantha tinha conhecimento desde bem pequena. Isso ainda se fortaleceu quando a mãe a abandonou com apenas 14 anos. Ela deixou Samantha com o pai, e levou os irmãos mais novos para viver junto dela ao lado de outro homem. O pai não tinha tempo ou interesse em dar-lhe atenção. Ele era um homem amargo e solitário, que estava mais interessado na própria situação que em cuidar da filha. E, assim, a partir dos 14 anos, Samantha cresceu sozinha.

Ela queria alcançar um bom desempenho na escola, e conseguiu, porque era muito perspicaz. No entanto, estava sozinha e necessitada de atenção. Sua beleza a tinha transformado no centro da atenção dos meninos e sua carência a transformava num alvo fácil para as investidas sexuais deles. Ser abandonada pela mãe ao entrar na adolescência e ter que viver sozinha com o pai apenas exacerbou sua tendência de sexualizar os relacionamentos. Não havia qualquer trauma sexual na relação entre ela e o pai, mas o simples fato de viver sozinha em um apartamento com ele era um terreno fértil para fantasias edípicas e desejos que não conseguia compreender. Isso e mais o comportamento sexual da mãe faziam com que ela tivesse dificuldade de lidar com as questões envolvidas no processo de tornar-se mulher.

Samantha se casou logo após se formar na faculdade. O marido era 15 anos mais velho que ela, e parecia poder propiciar-lhe a estabilidade, a força e o interesse que ela tanto desejava. Ele havia sido casado anteriormente e tinha filhos daquela relação. Era bem-sucedido, mas Samantha ficava impressionada com sua devoção aos filhos, e imaginava que ele seria tão devotado a ela quanto era a eles. De fato, o marido se devotava aos filhos, mas era também bastante ambicioso e muito ocupado, e tinha pouco tempo para ela. Embora trabalhasse, Samantha estava sozinha de novo, vivendo com um homem que, como seu pai, tinha pouco tempo para se dedicar a ela. Samantha tornou-se obcecada por pensamentos sexuais com outros homens, e tentava esquecê-los com um bom emprego que exigisse muito dela e a fizesse trabalhar arduamente. Contudo, tinha dificuldade para administrar seu tempo.

Antes de seu casamento, Samantha se sentia sozinha e seu comportamento sexual era quase promíscuo. Agora, ela temia que fosse sair dos trilhos no casamento. Ela nunca conseguiu se ver livre do trauma de ter sido abandonada, que se manifestava no desejo de testar frequentemente os limites da afeição das pessoas por ela. Elas também a abandonariam? Lembrou-se de ter se sentido assim no ensino médio e na universidade, mas, naquela época, encontrava alívio em suas escapadelas sexuais e conseguia voltar aos estudos. Agora, achava que estava correndo o risco de destruir sua carreira, além de acabar com o próprio casamento, exatamente como a mãe fizera.

Durante o tratamento, Samantha comunicou mensagens bastante contraditórias. Queria se permitir ser dependente, mas, quando isso acontecia, retraía-se. Quando começava a falar franco e abertamente sobre seus sentimentos e necessidades, logo mudava de ideia e tentava se convencer de que não precisava ter envolvimento algum com seu terapeuta. Ela desejava ser passiva e se render aos próprios pensamentos e sentimentos, somente para mostrar que estava se sentindo bem e que conseguiria ir adiante sozinha. Ela fazia o que eu chamava de "fugas para a saúde" — "Estou bem, não preciso de você, me sinto melhor" — como meio de não revelar seus sentimentos e desejos subliminares. Quando lhe pedia que usasse o divã, ela o fazia de modo relutante, e expressava sua grande insatisfação por estar numa posição de dependência, com medo de ficar exposta e vulnerável.

Ela anunciou em mais de uma ocasião: "Não quero precisar de você. Eu não preciso de você!"

Entretanto, na sessão seguinte, dizia: "Quero que você me ampare. Quero que você me ame."

Contudo, será que conseguimos discutir essas mensagens ambivalentes? Não foi fácil. As tentativas de falar sobre isso depararam-se com sua raiva e frustração, com sentimentos de abandono e isolamento por não conseguir o que desejava. Ela era uma criança medrosa que precisava de contato físico, mas esse contato era sexualizado e amedrontador. Estava provando que suas necessidades não podiam ser atendidas. Falar era fácil, mas não era o que ela estava buscando. Samantha não conseguia aceitar suas necessidades de dependência, pois isso se tornava imediatamente algo sexualizado, e apenas poderia ser evitado se ela se convencesse de sua independência e competência.

Ela não conseguia confiar nos outros porque não confiava em si mesma. Achava que, se pedisse ajuda, faria sexo. No entanto, ela queria sexo — um desejo de ceder às necessidades de dependência, mas, também, um desejo de tirar aquilo do seu caminho. O sexo era inevitável. Então, talvez, fosse melhor parar com aquele tratamento. Isso acabou resultando num comportamento sedutor, seguido da fantasia de trabalhar com uma terapeuta, para não ter que lidar com aquelas questões. Entretanto, a ideia foi logo descartada, porque as mulheres não eram dignas de confiança. Elas a abandonariam, como foi sua mãe.

Somente depois de trabalhar muito os sentimentos e suas tentativas de sedução, suas idas e vindas, a justaposição de seus impulsos opostos foi que ela, finalmente, fez algum progresso. Começou quando tentou me seduzir. Ela não se deitava meramente no divã para fazer livres associações. Usava roupas transparentes; contorcia-se enquanto falava das relações sexuais com o marido, o que um havia feito com o outro. Tudo isso era uma tentativa de atiçar o terapeuta. Se fosse bem-sucedida nisso, seria uma repetição da crença de que não era apreciada sem envolvimento sexual. Teria confirmado a sensação de que ela e a mãe eram sujas. Samantha comentou da sensação que tinha de que as relações sexuais eram contaminadas.

É sempre difícil, mas imperativo, que o terapeuta saiba lidar com essas questões de forma neutra e objetiva, quando necessário. Essa postura, gradativamente, fez com que Samantha percebesse que os homens podem ser compreensivos, atenciosos e afetuosos, sem necessariamente se tornar sexualmente envolvidos. "Você parece estar bastante agitada hoje", comentei certa vez. "Talvez as roupas que você esteja usando não sejam confortáveis."

Ela ficou furiosa. Frustrada. Foi a única vez que suas maquinações sexuais ficaram explicitamente expostas como uma manobra de provar que nenhum homem era digno de confiança e, mais importante, que ela mesma não era digna de ter uma relação afetiva que não culminasse em sexo. Samantha podia ser apreciada pelo que era, sem ambivalências e sem que qualquer exigência lhe fosse feita.

O significado do nosso trabalho resultou numa mudança de área de trabalho. Na verdade Samantha nunca teve predileção pela área de marketing.

Ela queria trabalhar com pessoas, especialmente com garotas adolescentes, já que, certamente, sabia, melhor que ninguém, que tipo de problema aquelas meninas podiam ter. Queria ser assistente social, mas isso significava ter que voltar a estudar. Sem problema algum.

Quando voltou ao meu consultório depois de vários anos, apenas para um "check-up", como ela mesma definiu, já estava formada e mais feliz em sua nova carreira.

Ela também não tinha mais problemas com a administração do tempo.

Capítulo 6

Repetição de comportamentos nos vícios

Dependência química

Qualquer discussão sobre ciclos de autossabotagem deve incluir o abuso de substâncias tanto pela frequência de sua utilização quanto pelos danos causados ao usuário, família e amigos. É possível afirmar, com segurança, que o abuso de substâncias não apenas afeta o indivíduo como toda a família.

O abuso de substâncias não é um conceito unitário, porque, em alguns casos, o fundamento é fisiológico, enquanto, em outros, é psicológico. No entanto, qualquer que seja o fator causal, há fatores psicofisiológicos atuando em conjunto. Talvez em nenhuma outra área seja possível observar a ruptura da conexão mente-corpo de modo tão evidente. Freud[1] previu que algum dia seria descoberta uma base biológica para as neuroses. Isso parece estar se tornando realidade, já que quase todos os dias surgem avanços no campo da neurociência. Recentemente, por exemplo, foi descoberto que a dopamina administrada em pacientes com Parkinson, com o intuito de controlar os tremores da doença, provocou-lhes comportamentos compulsivos. Em alguns casos, a compulsão relaciona-se à alimentação;[2,3] em outros, ao uso de drogas. Mais recentemente, descobriu-se que o uso de dopamina motiva a compulsão ao jogo — mesmo quando essa compulsão não existia antes do uso da substância. As partes do cérebro implicadas no processamento da dopamina foram mapeadas e identificadas. A questão óbvia é se há aspectos bioquímicos em outras formas de comportamento compulsivo e se isso se aplica a algumas formas de compulsão à repetição.

É provável que alguns tipos de comportamento compulsivo sejam desencadeados por fatores psicológicos, enquanto outros por fatores fisiológicos e bioquímicos, que afetam o funcionamento do cérebro e o comportamento correspondente.

Até agora, temos observado os sintomas como uma manifestação de problemas mais profundos. Examinamos a história, os antecedentes, os motivos e sentimentos subjacentes para solucionar os comportamentos repetitivos. Entretanto, no caso do vício, devemos adotar uma abordagem diferenciada. Aqui, os sintomas são tão impressionantes e debilitantes que demandam ser tratados com prioridade. A terapia não pode ser bem-conduzida quando esses sintomas estão se manifestando. Por isso, se os pacientes levantam questões de abuso de substâncias, digo-lhes:

1. Não posso trabalhar com você se estiver usando drogas ou álcool.
2. É fundamental que você comece num programa de Doze Passos.
3. Depois que tiver parado de fazer uso de substâncias e se engajado efetivamente no programa de Doze Passos, volte a me procurar e eu ficarei feliz em trabalhar com você.

Faço isso porque a terapia individual não pode ter êxito se o paciente estiver usando drogas, e o tratamento mais eficaz é uma combinação do programa de Doze Passos com a psicoterapia, depois que o período de abuso de substâncias tiver sido superado.

A razão disso reside na configuração das interações psicofisiológicas. Quando discutimos o abuso de substâncias, temos que encarar o fato de que, na maior parte dos casos, as dependências constituem uma exceção às outras formas de intervenção psicoterapêutica, especialmente as dependências em que a contribuição de fatores físicos é maior que a de fatores emocionais. Em muitos casos de alcoolismo, por exemplo, há um histórico familiar de abuso de álcool. Em alguns casos, tem-se a impressão de que o alcoólico tem quase uma reação "alérgica" ao álcool. Essa substância é o equivalente a andar num caminho repleto de heras venenosas. Para a maioria das pessoas, a hera venenosa deve ser evitada, porque as consequências são evidentes. A pessoa ficará com uma terrível erupção cutânea, que vai coçar muito e causar um sério desconforto. A solução é evitar a hera venenosa. Essa é uma reação fisiológica. Se o indivíduo insistir repetidamente em atravessar o caminho de heras venenosas, é provável que seja uma característica de autopunição.

Isso também acontece com pessoas que sabem que a sensibilidade ao álcool é algo hereditário, que existe uma inclinação hereditária para a dependência de álcool, com consequências desastrosas. Elas estão cientes, em primeira mão, dos efeitos do alcoolismo. Sabem que, como filhos de alcoólicos, estão sob sério risco de se tornar alcoólicos. No entanto, acabam bebendo em excesso, repetindo a vida completamente destrutiva dos pais. Há tantos exemplos de famílias destroçadas, de divórcios e de traumas por causa do alcoolismo, que é desnecessário citá-los.

Muitos alcoólicos, é óbvio, negam que sua bebedeira seja um problema. Eles dizem que comparecem ao trabalho todo dia, que voltam para casa toda noite — sem problema algum. Não colocam em foco aquilo que acontece quando voltam para casa. Eles bebem e tornam-se agressivos, ou bebem e, em uma noite, são agressivos; na noite seguinte, são alegres. O comportamento deles é tão imprevisível que ninguém pode confiar neles; ninguém sabe o que esperar. Alguns admitem o próprio alcoolismo depois que são flagrados dirigindo alcoolizados; outros se dão conta quando caem bêbados na sarjeta. Alguns exigem a intervenção de membros da família fortalecendo-os e confrontando-os diante de seu alcoolismo e dos danos que sua bebedeira está causando a si e àqueles que gostam deles. Alguns filiam-se ao A.A., enquanto outros recusam-se permanentemente a fazer isso. Uns, em um ato de desespero, vão para centros de reabilitação e ficam sóbrios com o apoio permanente do A.A. Outros ficam sóbrios, mas depois começam a beber de novo.

Há casos em que não há um histórico familiar e, por isso, nenhum antecedente hereditário. Aqui, a contribuição de fatores emocionais ao alcoolismo é maior que a de fatores físicos. Alguns desses indivíduos conseguem parar de beber "na marra"; conseguem por conta própria, embora seja algo difícil e os resultados a longo prazo sejam questionáveis.

De modo similar, não se considera, geralmente, que a maconha tenha um fundamento fisiológico, embora provoque consequências físicas. O uso persistente e repetitivo da substância afeta a motivação e a iniciativa do indivíduo, sua vida familiar e, de modo geral, seu desempenho no trabalho.

Al era casado, tinha 30 anos, e começou a usar maconha no ensino médio. Embora fosse inteligente, não conseguia terminar as tarefas escolares, e não se diplomou. Ele arranjou, finalmente, um diploma equivalente e iniciou um programa de treinamento em eletrônica. Aprendeu rapidamente e era bom nessa ocupação que exigia participação ativa, embora tivesse dificuldade de permanecer na mesma empresa por um longo período de tempo. Al não estava feliz com o trabalho, sentia-se chateado e inquieto. Fumava maconha toda noite e nos fins de semana. Dizia que era a única forma de escapar de sua existência monótona. Tinha amigos, e todos eles também usavam maconha. Al poderia ter continuado nesse caminho, mas um de seus supervisores descobriu o que ele estava fazendo, e teve uma conversa com ele. Explicou-lhe que havia possibilidade de um futuro para ele naquela empresa, com oportunidade de crescimento, mas não no ritmo que estava indo. Ele relacionava as limitações de Al no trabalho ao fato de consumir maconha. Mais ou menos na mesma época, Al se envolveu com uma moça de quem gostava muito. Ela também ficou sabendo que ele fazia uso pesado de maconha e disse-lhe que não poderia continuar o relacionamento naquelas circunstâncias. A confluência dessas duas experiências o afetou profundamente. Ele estava aborrecendo a namorada e colocando em risco o próprio futuro profissional. Al conseguiu parar de fumar. É óbvio, há uma psicodinâmica por trás do abuso de maconha da parte de Al, mas ele não estava interessado em mergulhar no passado ou nas razões para precisar desse tipo de fuga. Ele queria seguir em frente na profissão e ficar com a namorada, e isso foi o suficiente para dar fim à sua adição.

Em contraste com a maconha, há drogas que mimetizam e, às vezes, precipitam episódios psicóticos, resultando muitas vezes em suicídio. Os alucinógenos, o LSD, o peiote e a mescalina levam à depressão, ideação paranoica, distorções de percepção e outras falhas cognitivas. E há sérios "flashbacks", experiências recorrentes desses sintomas induzidos pelas drogas que perduram por longo tempo depois que o uso do alucinógeno é interrompido.

Vivemos na cultura das drogas. Com a proliferação delas no mercado, inclusive daquelas cuja finalidade é medicinal, há uma excelente oportunidade para o abuso dessas substâncias. Medicamentos prescritos com fins terapêuticos, para alívio da dor, tranquilizantes, alívio de ansiedade e depressão podem provocar dependência e ser usados inapropriadamente. Podem acabar indo parar nas mãos de crianças ou ser comprados nas ruas, causando os mais variados transtornos.

James se envolveu em um acidente de motocicleta. Quebrou alguns ossos e estava com muitas dores. Foi prescrito Percocet para aliviar os sintomas. James se tornou dependente e continuou a aviar receitas onde conseguia. James faltou ao emprego, na área de construção civil. Foi demitido. Ele se viu compelido a usar meios ilegais para conseguir dinheiro, a fim de sustentar o vício. Quando a mulher exigiu que ele fizesse terapia, James prometeu que nunca mais usaria drogas. Ele deixou de usar por uma semana. Chegou à terapia jurando que não estava mais usando — mas, de fato, estava. Ele, então, parou com a terapia. Apenas posso supor que as coisas para James tenham seguido ladeira abaixo.

Essa história pode ser repetida no uso da cocaína, do crack, da heroína etc. Todos nós já ouvimos falar dos comportamentos criminosos de pessoas desesperadas para arranjar dinheiro e comprar drogas, e das terríveis consequências de não pagar os fornecedores.

Dependência de jogos de azar e de sexo

Seria muito óbvio dizer que o jogo destrói vidas? Algumas pessoas jogam para fugir da pressão do dia a dia, enquanto outras o fazem para provar a si mesmas que podem desafiar todas as possibilidades. Qualquer que seja o motivo, os resultados podem ser devastadores. O indivíduo que participa de jogos de azar não consegue parar, simplesmente porque é um adicto. Ele volta para mais, acreditando que, daquela vez, da próxima vez, vai virar o jogo. "Tenho uma nova fórmula que é infalível." Assim é o refrão. Assim é a esperança.

A necessidade da pessoa, no caso em questão, é provar que pode vencer, mesmo sabendo o tempo todo que vai perder. Há mudanças neuroquímicas que ocorrem quando um indivíduo é viciado em jogos. O jogador certamente fica "alto", não se diferenciando em nada do dependente de droga ou de álcool. Há o desafio, a excitação, a sensação de viver no limite.

Uma história semelhante acontece com o adicto de sexo. Ele busca a excitação, a ilusão do amor. Sentindo-se um fracassado impotente, o indivíduo que é dependente de sexo gasta tempo e dinheiro procurando excitação e amor[4] em bares de strip-tease ou em sites de pornografia. Esse tipo de dependente vive com a ilusão de que as mulheres realmente são suas, de que estão totalmente na dele. Ele não concorda com aquilo, mas não consegue parar. A esposa e a família descobrem e a vida no lar começa a desmoronar.

Myron era um professor de artes plásticas em uma prestigiada universidade. Casado, com dois filhos, tinha todos os requisitos do sucesso. Vinha de um histórico familiar em que o pai era passivo e complacente. A mãe, basicamente, não via qualquer utilidade no marido e era apaixonada por Myron, seu único filho. A corujice dela beirava a sedução. Ela se sacrificava e se orgulhava do filho talentoso. Myron conseguia bolsas de estudo com sua arte. Ele frequentou escolas de belas artes e, finalmente, conseguiu um emprego em uma boa universidade. Os anos se passaram, e ele foi promovido a chefe do departamento de arte. Casou-se com uma mulher que era bem-sucedida no ramo de imóveis e ganhava dinheiro suficiente para que sua renda compartilhada lhes garantisse uma vida bastante confortável. Myron, porém, abrigava fortes impulsos que não conseguia satisfazer no casamento, embora sua mulher nunca rejeitasse seus ímpetos sexuais. Ele precisava de mais, e de maior variedade. Seu juízo estava suficientemente preservado para que ele não se arriscasse buscando contato sexual com suas alunas, embora se sentisse tentado e alimentasse fantasias. Também não se arriscava a buscar sexo com as atraentes modelos de suas classes de desenho vivo. Contudo, frequentava, sim, "casas de strip-tease", envolvendo-se com aquelas mulheres além do contato sexual. Myron acreditava que elas estavam seduzidas por ele. Passava horas vendo pornografia. Finalmente, o uso que fazia do computador familiar para atender à sua compulsão à pornografia foi sua ruína. A esposa e os filhos descobriram e ficaram bastante aborrecidos. Exigiram que ele fizesse terapia. A dinâmica por trás de suas preocupações sexuais foi revelada, mas ele ainda se sentia incapaz de resistir à necessidade intensa de procurar experiências sexualmente estimulantes. Pedi a ele que seguisse um programa de Dozes Passos para dependência sexual, porque ficou evidente que entender a dinâmica de sua história pregressa seria o suficiente.

Muitas pessoas sofrem de desejos íntimos que são traduzidos em dependências. E não é apenas de álcool e droga — pode ter a ver, também, com a alimentação. Pessoas acima do peso ficam presas a ciclos de dietas ioiô. Ganham e perdem peso continuamente. A obesidade está relacionada à imagem do corpo e de si mesmo. Entretanto, é algo mais que apenas isso. Parte do conflito reside na necessidade de estar no comando. E essa necessidade contradiz o desejo de ser livre, capaz de ignorar a balança.

Racionalmente, a maioria das pessoas que está acima do peso sabe que comer certos tipos de alimentos causa aumento de peso, mas elas jogam roleta-russa. O conflito se baseia em uma batalha interna: "Eu quero comer, mas sei que não vai me fazer bem. O quê? De jeito nenhum. Ninguém vai me dizer o que posso ou não comer. Vou comer o que quiser." Há algo de rebeldia aqui. Isso se explica pelo fato de que estar em dieta não faz parte do eu. É algo experimentado como uma força externa, como uma pessoa atormentando alguém para não ingerir alimentos que vão causar aumento de peso. É vivenciado como se fosse uma figura de autoridade dizendo ao indivíduo o que ele deve fazer. A maioria das pessoas não gosta de alguém lhe dizendo o que fazer. Elas não estão contentes com sua obesidade. Sabem que é destrutivo para a saúde e para sua imagem. Entretanto, até que sejam capazes de reconhecer a própria obesidade, vão persistir lutando contra as dietas. Vão gastar muito dinheiro e um bom tempo tentando perder peso, para então ganhá-lo novamente. Sob vários aspectos, há um conflito adolescente em operação, no qual a motivação pela independência e pela autonomia é intensa ("Vou fazer do meu jeito, sozinho"), seguida da fuga para a conformidade e dependência ("Ganhei todo o peso de novo, então me diga o que fazer"), seguida de rebeldia ("Não me diga o que fazer"). Adicione a isso a dependência de açúcar e o cenário está armado para um ciclo vicioso de ganho e perda de peso, *ad infinitum*.

Além da negação da responsabilidade final pelo peso em excesso, as pessoas fazem muitas racionalizações. "É o meu metabolismo, minha estrutura óssea, a comida que há na casa, tenho que comer muito por conta do meu trabalho, sou muito estressada, nem como tanto assim, foi por causa da minha gravidez." Todas essas são maneiras de evitar o problema do ponto de vista emocional. Pessoas que estão acima do peso são carentes e estão buscando formas de satisfazer suas necessidades, mas terminam se frustrando, sentindo-se mal consigo mesmas e excluídas socialmente. As necessidades delas não serão satisfeitas com a ingestão de alimentos. A sensação de saciedade, de ser forte ou de estar protegido por uma camada de gordura é ilusória.

Eric tinha 50 anos, era divorciado, notadamente obeso e deprimido, e se sentia impotente e desanimado. Disse que a última vez que se sentira bem consigo mesmo foi quando esteve internado por um mês numa famosa clínica. Perdeu 14kg. Depois que saiu da clínica, engordou novamente, perdeu o emprego e passou a se sentir desamparado. Os sentimentos depressivos sempre estiveram presentes, mas ficaram mais intensos depois de divorciar-se da esposa com quem esteve casado por 15 anos, porque, segundo ele, "me contentei com ela. Nunca pensei que alguém me quisesse".

Os pais se divorciaram quando Eric estava com 13 anos, e ele nunca questionou seus sentimentos em relação ao divórcio. Eric disse que foi depois que se tornou mais pessimista, sempre esperando pelo pior. Ainda adolescente, perdeu a confiança e a fé nos pais, preparando o terreno para a de se tornar independente deles (que não sabiam o que queriam) alternada com a tentativa de ser a criança que precisava de orientação e direção.

"As coisas entram no meu caminho e me impedem de fazer o que quero", disse Eric. "Nunca acho que estou sendo a pessoa que gostaria de ser." Os esforços para investigar mais profundamente esse aspecto foram evitados. Ele queria falar sobre o trabalho, os filhos e seus sentimentos depressivos. Quando lhe mostrei isso, ficou nitidamente desconcertado. Durante as 12 sessões de terapia, perdeu um peso considerável (embora, segundo ele, não tivesse sido esse o motivo de ter me procurado). Entretanto, acabou engordando novamente. Mais uma vez, me disse: "Deixo que os outros definam o que eu sou, ou o que deveria ser."

Interessante, porque ele começou a perceber a terapia como algo que estava lhe dizendo como deveria ser — embora eu nunca lhe tivesse dado qualquer ordem ou conselho que fosse. Esse era o seu desejo, que alguém lhe dissesse o que fazer para satisfazer suas necessidades de dependência. Eric estava sempre indo e vindo. Admitiu querer gratificação imediata e a curto prazo. Eu disse a ele que não tinha a bala mágica que ele estava procurando. Eric nunca havia resolvido sua ambivalência básica e confusão por ser a criança infeliz dependente versus o adulto independente.

Depois de algum tempo, decidiu submeter-se à cirurgia de redução de estômago. Entretanto, isso aconteceu na época em que começou a perder peso novamente. Ele não tinha paciência para lidar com seus problemas.

Esse caso chama atenção objetivamente para algumas das dinâmicas que foram discutidas aqui. Eric era extremamente carente, mas não assumia a responsabilidade por sua situação ou seus atos. E não tinha paciência e tolerância à frustração necessárias para sustentar o esforço a longo prazo que seria preciso para trabalhar seus problemas. Ele reeditava, na relação terapêutica, o conflito básico entre querer alguém que lhe dissesse o que fazer e querer fazer as coisas do seu modo. Ele tomou algumas medidas para obter ajuda, indo até a clínica e começando a psicoterapia. Contudo, minava cada um desses esforços. A falta de confiança na habilidade de manter a própria vida sob controle tornou-se evidente quando optou por um procedimento cirúrgico que tiraria de suas mãos a responsabilidade por si de uma vez por todas.

Embora afirmasse que queria comandar a própria vida, Eric sabotava esse desejo assim que encontrava uma maneira de obter os resultados esperados, sem precisar confiar nos próprios mandos e iniciativas.

O problema de trabalhar com indivíduos dependentes reside em sua ambivalência e confusão. Embora a dinâmica seja compreendida do ponto de vista psicológico, há aspectos fisiológicos envolvidos, tornando, assim, o trabalho muito mais difícil.

Capítulo 7

A compulsão à repetição

Você não acha que é fácil perceber quando as pessoas estão presas a comportamentos repetitivos? É possível observar de que modo aquele comportamento está lhes fazendo mal ou com que se movam em círculos. Podemos nos perguntar: por que ela continua se sentindo atraída pelo mesmo tipo maléfico de homem? Por que todos os seus filhos estão apresentando as mesmas dificuldades? Por que ele trocou de mulher — já que, para nós, ela age e se parece muito com todas as ex-esposas dele? Nós nos perguntamos porque vemos o que está acontecendo. Ainda assim, com frequência, ficamos cegos aos nossos padrões de repetição profundamente enraizados.

Por que isso acontece? Porque a compulsão à repetição tem uma infinidade de características, e a mais importante delas é que os indivíduos que a apresentam têm pouco ou nenhum discernimento do que está causando suas dificuldades. Freud entendia isso como algo instintivo e, como tal, virtualmente imune à modificação. No trabalho com pessoas afetadas pela compulsão autodestrutiva, é possível observar como esse comportamento parece ser guiado por forças incontroláveis. Vez por outra, deparamo-nos com a notícia de que um tornado de grandes proporções está a caminho, e todas as indicações sugerem que é um furacão perigoso e ameaçador. Entretanto, não há como pará-lo. Do mesmo modo, a compulsão à repetição é um impulso, uma força persistente, irrefreável, insistente e inevitável. O raciocínio é suspenso, o julgamento, interrompido e a inibição, abandonada. Não é algo muito diferente do instinto dos salmões de nadar contra a corrente, desovar e, então, morrer. Há refrãos que são ouvidos repetidamente, como: "Sei que não devia entrar de cabeça nesse casamento, mas... Sei que devia esperar para ter um filho, mas... Sei que não deveria me divorciar dele tão apressadamente, mas..."

Tal comportamento parece estar de fato além do princípio do prazer, significando que se, para a maioria, o comportamento humano é motivado pelo desejo do prazer, para aqueles que estão presos a essa compulsão até o princípio do prazer é subvertido pela necessidade da repetição.

Os jogos repetitivos com os quais as crianças brincam são movidos pela busca do prazer, pela tentativa de dominá-los completamente. Ser mestre na brincadeira de "esconde-esconde" ou de "pega-pega", porém, pode também representar uma tentativa de dominar o medo de experiências traumáticas, como o da separação ou do abandono. Algumas formas de busca pelo prazer são autodestrutivas e perigosas, jogos que podem resultar em tudo, exceto em prazer. Contudo, aqui, também, o objetivo pode ser provar a maestria, não importando o nível de grandeza, desafiando as adversidades e a natureza, tentando enganar a morte. Geralmente rejeitado como um "comportamento masoquista", sabemos que sua dinâmica é enraizada e complicada.

Quais são os motivos e o resultado dessa compulsão à repetição que trazem consequências autopunitivas? A pessoa está envolvida em uma atividade para provar algo a si mesma ou para expressar algo a ou contra alguém? Trata-se de algo pessoal ou interpessoal? Dirigir carros de corrida, escalar pedras ou montanhas, participar de competições de esqui são exemplos de atividades em que o motivo é provar que o indivíduo é capaz de desafiar o perigo e a morte, que ele pode vencer obstáculos incríveis e que pode se opor à própria natureza. Tais atividades são motivadas por tentativas de provar a si a própria maestria. Em algumas ocasiões, as coisas podem sair erradas e envolver outras pessoas. Porém, o motivo não é prejudicar os outros.

Não se pode negar que bons resultados são alcançados a partir de alguns padrões de comportamento que exigem treinamento exaustivo e castigos ao próprio corpo. O vencedor da medalha de ouro olímpica passa por anos de treinamento tortuoso e, geralmente, por múltiplos acidentes antes de se tornar um vencedor. A bailarina passa por exercícios dolorosos para dançar, em troca de uma pequena retribuição financeira. O desafio é alcançar o objetivo desejado, que é fugaz e extremamente desafiador e difícil. Contudo, para a maioria, tais esforços são definidos pelo indivíduo, que está ciente do preço a ser pago. Ele paga por satisfação pessoal, gratificação e prêmios.

Entretanto, quando o comportamento punitivo envolve outras pessoas, colocando-as em risco, então motivo e objetivo devem ser questionados. As prováveis consequências tendem a fazer mal a outras pessoas e não apenas à pessoa em si. O propósito é repetir a necessidade do indivíduo de agredir ou ser agredido, se vingar, agradar aos outros à custa de si mesmo, ou de repetir as próprias mágoas, reeditando-as nas relações pessoais.

É assim que funcionam as repetições. Podemos experimentar uma sensação de *déjà vu*, quando os relacionamentos repetidamente não funcionam, ou quando incorremos no mesmo tipo de problema em empregos distintos. Mesmo assim, raramente reconhecemos os fundamentos profundamente arraigados de nossas repetições, sem falar nas etapas emocionais necessárias para mudá-las.

O que motiva as pessoas a repetir um comportamento que vai contra sua felicidade, satisfação, sobrevivência e outras metas sensatas? Freud pensou ter equacionado isso no trabalho com os veteranos da Primeira Guerra Mundial, que reeditavam suas terríveis experiências de guerra e sonhavam com elas. O trabalho com aqueles homens levou-o à noção de "compulsão à repetição" — um instinto na direção da morte, tânatos. Era uma ideia controvertida naquela época, e, hoje, ela já não é mais tão popular assim.

A pulsão de morte pode ser questionável, mas a compulsão a repetir atos autodestrutivos é uma noção que é muito útil para ser descartada. Quando eu percebia esse tipo nos meus pacientes, ficava confuso e imaginava o que estaria por trás de tal comportamento.

No meu trabalho, deparo-me com muitos tipos de repetições. Vejo pessoas que parecem compelidas à autossabotagem, repetindo gestos e atos que são mutiladores e destrutivos. Vejo aqueles para quem tudo parece correr muito bem, mas que constantemente estão infelizes, colocando a si mesmos e a todos à sua volta repetidamente em situações de infelicidade. Não estou falando fundamentalmente das tentativas de suicídio de uma pessoa deprimida ou de rituais repetitivos dos obsessivo-compulsivos (embora esses sejam parte do quadro geral), mas do que parece ser um impulso à repetição para magoar-se e magoar os outros num caminho sem volta. Se os seres humanos são motivados pelo prazer — sexo, comida, diversão, conforto etc., como afirmou Freud —, como podemos explicar a repetição de atos comprovadamente autodestrutivos? Como podemos explicar a repetição em sonhos e as memórias de experiências dolorosas? Quando colocamos em prática a mesma história dolorosa repetidas vezes, na vida real ou em sonhos, trata-se de uma tentativa de conseguir maestria e controle? Uma tentativa de mudar o resultado, pelo menos uma vez, ou o próprio ato de repetição em si oferece algum ganho peculiar, algum impulso inexorável?

Ao lado da compulsão à repetição, há uma intensa e intolerável ansiedade. Esse estado de ansiedade é causado, inevitavelmente, por um trauma, uma experiência subjetivamente assustadora que é lançada sobre o eu, fazendo a pessoa se sentir impotente e fora de controle. A sensação sobre a integridade psicológica do indivíduo é tão esmagadora que os sentimentos são, às vezes, reprimidos, apagados da memória. Em alguns casos, todo o acontecimento é esquecido. Em outros, ele é relembrado, mas os sentimentos associados a ele são reprimidos. Em algumas ocasiões, a experiência é lembrada com tanto medo e repugnância que o indivíduo reage exageradamente a qualquer acontecimento que possa ser remotamente associado ao trauma. De qualquer forma, o trauma e a ansiedade não podem simplesmente ser postos de lado. A pessoa vive com o medo de que o trauma ocorra de novo, e por isso acredita que ele deve ser revivido, para que ela adquira aquela ilusória sensação de maestria e controle.

Existe o medo e até a expectativa de que o pior vai, inevitavelmente, acontecer. Viver com esse temor é algo tão intenso que, inconscientemente, o ímpeto é fazer com que ele, de fato, se realize; é precipitá-lo para acabar logo com aquilo e, assim, aliviar a ansiedade. Em outras palavras, em vez de viver aguardando que coisas ruins aconteçam por conta da sorte (da natureza, de Deus), o indivíduo toma as rédeas da situação. É quase como se ele estivesse determinando: em vez de esperar o pior acontecer quando o destino decidir, fará acontecer da sua maneira e sob o seu controle. Assim, terá a sensação de estar dominando. A ansiedade é aliviada, pelo menos temporariamente.

Quando Jack veio até o consultório, ele parecia, tomando por base sua aparência, um invejável homem bem-sucedido. Advogado, era dono do escritório que havia montado com alguns amigos; tinha dois filhos, uma linda mulher e um sucesso evidente. Assim que começou a desabafar comigo, no entanto, revelou que estava envolvido em uma espécie de roleta-russa, na iminência de um desastre. Ele usava os depósitos em custódia dos clientes para comprar carros, relógios Rolex e bancar férias caras. Quando as contas de custódia ficavam devedoras, ele dava um jeito e tirava o dinheiro de outra conta para poder ressarci-las. Era um jogo que ele sabia que não ganharia, e, mesmo assim, parecia adicto dele. À medida que a terapia prosseguia, fiquei sabendo que sua vida pessoal também estava desmoronando. A esposa — esse já era seu segundo casamento — o tinha deixado porque ele estava tendo um caso com a secretária — mais um caso para a longa lista.

Uma das primeiras coisas que Jack me disse foi: "Não acredito que alguém possa me ajudar. Somente eu posso me ajudar. Tenho medo de me expor ou de procurar ajuda. Preciso me libertar das pessoas das quais me sinto próximo, em dívida, com obrigações. Não quero me sentir pertencendo a ninguém." E, mesmo assim, ele ia para a terapia.

Muitas pessoas resistem à terapia, mesmo quando, a princípio, parecem cooperativas e dispostas a trabalhar seus problemas num ambiente terapêutico. Jack, entretanto, era um poderoso antagonista. Chegou ao nosso primeiro encontro dez minutos atrasado, e logo percebi que isso seria um de seus padrões. Ele olhou de modo áspero para o consultório, deu uma inspecionada na sala, que, conforme pude notar pelo seu comportamento, não estava adequada aos seus altos padrões, e se estatelou na cadeira oposta à minha, com um olhar um tanto desdenhoso.

Logo ficou evidente que havia iniciado a terapia de má vontade, e somente porque a esposa, Tracy, ameaçara pedir o divórcio. Eles já estavam separados, e ele não sabia se deveria voltar para casa, especialmente porque a esposa estava uma fera com ele.

Ainda assim, a ideia de que precisava de terapia não lhe era completamente estranha. Jack sentia que as coisas estavam dando errado, que ele estava num mau caminho, e que as pessoas estavam ficando saturadas dele, não apenas a esposa. Os colegas o haviam avisado para diminuir a marcha, disseram-lhe que estava "patinando sobre uma fina camada de gelo", destruindo, possivelmente, a empresa que havia trabalhado tanto para construir. Jack estava se sentindo cada vez mais imobilizado e encurralado.

Jack foi criado pela mãe resmungona e exigente. "Manipulo os outros como minha mãe manipulava meu pai e a mim. Tentei agradá-la sendo um bom filho, obtendo sempre bons resultados."

Para combater isso, ele passou a recorrer às mesmas defesas passivo-agressivas que o impediam de agir com discernimento que usara com a mãe. Não podia admitir para si que a mãe era difícil, muito menos confrontar-se com ela.

Jack estava em uma montanha-russa de grandiloquência, mas, quando o encontrei, a maior parte da excitação já havia passado, e ele também começava a perceber que estava chegando ao fim da linha. Ainda assim, não conseguia parar. Como um jogador compulsivo, ele achava que podia, de algum modo, desafiar todas as probabilidades.

De um ponto de vista clínico, as repetições enraizadas, instintivas e em geral grandiosas são, usualmente, as mais frustrantes. O discernimento por si só não é suficiente. Com frequência, tais pacientes são inteligentes e articulados o bastante para reconhecer da boca para fora seus padrões patológicos.

Jack certamente era. "Faço com que as pessoas se comprometam comigo e depois as abandono", confessou. "Não consigo me comprometer porque tenho medo do fracasso." Durante a terapia, ele falou sobre medos terríveis de ser usado pelas mulheres, de uma relação quase sexual com a mãe e do fato de que nada o apavorava mais do que se parecer com o pai, fraco e impotente, a quem a mãe humilhava até, praticamente, negar a existência dele na família.

Ele podia falar todas essas coisas, avaliá-las intelectualmente, mas não conseguia se tornar suficientemente acessível do ponto de vista emocional para estabelecer uma verdadeira aliança terapêutica. Ele nunca havia vivenciado uma relação aberta e de confiança, principalmente, uma em que as partes fossem equivalentes. E, assim, não tinha coisa alguma em que se apoiar agora. Ao contrário, colocou-me no papel do agente das expectativas da sociedade, alinhado à sua esposa, tentando subjugá-lo. Ele resistia a cada passo do caminho, atrasando-se para os encontros, faltando à sessão seguinte sem avisar, justamente quando parecia que estávamos chegando a algum lugar, jogando todos os tipos de jogos para manter sua superioridade em relação ao processo terapêutico.

Para esses indivíduos, algo fundamental precisa mudar durante a terapia. A relação terapêutica, como já foi observado, leva consigo muitas das distorções e das nuances de relacionamentos do passado. De fato, essa relação é amplamente baseada na tendência a repetir relacionamentos primitivos significativos. O terapeuta, como ser humano, pode tender a transferir para o paciente algumas de suas distorções do passado. Entretanto, quando isso ocorre, espera-se que o terapeuta esteja ciente do que está acontecendo. Espera-se que ele possa usar essa reação como um termômetro do que está se passando na interação terapêutica. No caso de Jack, ele via a relação como competitiva e antagônica, uma luta de poder. Isso poderia ser revisto? Poderíamos estabelecer uma aliança que não fosse ameaçadora? Uma mudança emocional de proporções sísmicas era necessária.

Infelizmente, isso era demais para Jack, que, por causa de sua história, tinha medo de expor qualquer vulnerabilidade ou fraqueza. Por isso, ele precisava manter distância, tinha que evitar se comprometer com a relação terapêutica, uma relação que, por sua natureza, sugeria que ele não conseguira lidar com tudo sozinho.

— Quem diabos é você? — ele me perguntou, em uma de nossas últimas sessões. — Você é todo mundo e ninguém. Você não é mais esperto do que eu. E eu não quero me tornar dependente de você, não quero que você me julgue.

Jack é um dos meus casos mais tristes, um "fracasso", como parece. O seu caso era um clássico de repetições difusas. O comportamento autodestrutivo permeava todos os aspectos de sua existência, e, por fim, havia destruído uma grande parte dela. Ele acabou perdendo seu negócio, assim como a esposa e os filhos. Parecia que nada havia sido capaz de frear a espiral descendente.

O comportamento de Jack era um exemplo da maneira diferente de encarar a pulsão de morte de Freud. Como reação ao seu medo de ser destruído, de perder o controle de seu frágil senso de identidade, ele e outros indivíduos em condições similares acabam envolvidos em uma sombria batalha para controlar a morte, para provocá-la por si mesmos. Basicamente, penso que o inevitável é a morte, e a repetição é uma forma de enganá-la — até que se descubra que ela não pode ser enganada. Jack se sentiu castrado por causa de suas experiências de vida anteriores. Psicologicamente, castração e morte são a mesma coisa. Ele pretendia provar que não poderia ser subjugado e que dominaria a morte. De uma forma ou de outra, ele e essas outras pessoas estão tentando controlar algo que está acima do controle de qualquer um. Eles chegam à conclusão que lhes parece inevitável — desgraça, ruína, até a morte, mas em seus próprios termos. Isso está "além do princípio do prazer".

O caso de Jack também ilustra as limitações do discernimento na resolução dos comportamentos de autossabotagem profundamente arraigados. Embora o discernimento seja, certamente, o primeiro passo no desenrolar da psicoterapia dinâmica, o despertar da consciência intelectual deve ser traduzido em mudanças nos sentimentos, na percepção de si e no comportamento, para que uma reestruturação significativa aconteça.

Somente é possível visualizar Jack como Sísifo, tentando empurrar uma pedra até o cume de uma montanha até ela cair rolando, e mais uma vez ele recomeçar a tola viagem montanha acima. É de partir o coração.

Ao contrário de Jack, a compulsão de Cy à repetição parecia não afetar sua vida corporativa. Nessa área ele era bem-sucedido e admirado. Era na vida familiar e na íntima que as coisas estavam tumultuadas.

Cy era um cinquentão, uma daquelas pessoas sortudas que envelhecem com elegância, pelo menos fisicamente. Ele se vestia bem, era alto, o rosto de traços fortes e o cabelo ondulado grisalho. Compunha uma simpática figura quando entrou pela primeira vez no meu consultório, e eu, imediatamente, o achei agradável. Ao olhar mais atentamente, reparei que os cantos da boca se baixavam de forma discreta, e que havia nele uma aura de tristeza que eu já percebera em muitos dos meus pacientes. Uma vez instalado, perguntei-lhe o que o trouxera ali, e ele foi direto ao ponto.

— Estou aqui por causa da minha esposa. Ela insistiu para que nós dois fizéssemos terapia. Veja, estamos sem ter relação sexual há muito tempo, e ela me culpa por isso. Acho que ela está se preparando para me deixar. E acho que está certa. É culpa minha.

Atentei-me imediatamente à disposição de Cy de assumir a culpa por algo que, provavelmente, surgiu da complicada dança que é o casamento.

— Por que você acha que a culpa é sua? — perguntei.

— Simplesmente não a desejo mais como antigamente. Isso se perdeu em algum lugar no meio do caminho — disse ele, olhando para as mãos cruzadas. Sua linguagem corporal estava se tornando cada vez mais introvertida, e eu podia afirmar que, apesar do esforço para se abrir, era doloroso, para ele, ter que falar da sua vida íntima.

— Nas poucas vezes em que tentei, perdi a ereção. De início, ela tentou ser compreensiva, mas eu não consigo aceitar isso. Sinto que não devia me preocupar, porque simplesmente sei que vou falhar de novo. Ultimamente, ela tem se tornado bastante hostil, o que, lógico, me leva a evitar a coisa toda.

Ele fez uma pausa, e então lhe perguntei o que ele queria dizer com "a coisa toda".

— Ah, eu tenho ficado no trabalho até tarde. Certa noite, nem voltei para casa. Sei que não estou sendo um bom marido, mas é que não aguento a raiva dela o tempo todo. Ela está me deixando perturbado. Tudo o que diz é para me diminuir, ou é sarcástica, ou é crítica. Não acho bom nosso filho ver a mãe me tratando desse jeito.

— Vocês têm um filho?

— Sim, ele tem só 2 anos. Mas tenho certeza que de ele assimila as coisas que ficam no ar.

— Bem, ter um bebê pode tornar mais difícil o casamento. Como eram as coisas antes de vocês se tornarem pais?

— As coisas eram ótimas. O sexo era ótimo. Nunca tive nenhum problema nesse departamento. Ela era uma mulher muito atraente. Ela *é* uma mulher muito atraente. Perdeu imediatamente o peso que conquistou na gravidez, ou quase todo. Lógico, tivemos algumas discussões, mas nada nesse nível. Ambos queríamos as mesmas coisas. Estávamos querendo começar uma família. Ela é mais jovem que eu. Tenho filhos do meu primeiro casamento, mas concordei em ser pai novamente, e ela queria muito ter um filho. Parecia um bom casamento, muito melhor que o primeiro. Eu amava — ou melhor, eu amo — minha mulher. Amo meu filho. Não sei o que aconteceu. Me sinto péssimo.

Eu tinha uma série de perguntas, mas não queria forçar Cy. Sempre que tenho um paciente cujo segundo casamento está com problemas, naturalmente quero saber o que aconteceu no primeiro casamento, e se alguns dos padrões que levaram à dissolução estão se repetindo. Quase sempre é o caso. As pessoas tendem a selecionar companheiros semelhantes e a reeditar os dramas. Nesta primeira sessão, porém, Cy precisava de uma oportunidade para desabafar, e precisava falar com alguém que não o estivesse julgando, embora ele mesmo fizesse isso. Ele oscilava entre sentir raiva da esposa e culpar-se. Havia, obviamente, despendido muita energia guardando essa angústia, e tive a impressão de que ele deixou o consultório um pouco mais leve, apenas por ter desabafado. Antes de partir, estabelecemos uma agenda semanal — queria vê-lo com uma frequência maior que a atual —, mas ele me disse que sua atribulada agenda não lhe permitia mais encontros.

Enquanto isso, minha esposa, que também é psicoterapeuta, estava atendendo pela primeira vez a esposa de Cy, Judy. Antes de mais nada, o fato de ele e a esposa se consultarem sob o mesmo teto tornou mais fácil o tratamento. Assim, de tempos em tempos, nós quatro nos reuníamos para conversar, uma perspectiva atraente, mas esses encontros tinham que ser agendados cuidadosamente. Minha esposa e eu já havíamos trabalhado com outros casais de modo semelhante, estabelecendo um plano de ação que atendia às necessidades deles. Cy e sua esposa queriam terapia individual, e eu concordei. Devido à natureza dolorosa da queixa dele, e sua evidente raiva da esposa, achei que precisava ser ajudado antes de se beneficiar da terapia de casal.

— Nunca imaginei que ficaria impotente — começou Cy, na semana seguinte. — Não sei o que está errado.

— Foi a primeira vez que você teve esse problema? — perguntei.

— Bem, para ser honesto, não. Tive alguns problemas de desempenho sexual no meu primeiro casamento. Não no começo, mas depois de um tempo. Talvez seja só a natureza do macho — ou a minha natureza — perder o interesse depois de um tempo.

— Conte-me o que aconteceu naquela época.

— Não há muito o que contar. Eu também parei de me interessar por ela depois de um tempo, o que a fez ficar aborrecida comigo e pedir o divórcio. Acho que as mulheres não são muito tolerantes com maridos que não têm um bom desempenho. Havia o bebê, e eu estava estressado com o trabalho, e não queria voltar para casa para ser atacado depois de ter trabalhado duro o dia todo para sustentar nossa família. Ela dizia que eu evitava ela e o bebê, que eu não os amava, o que não é verdade. Eu amava minha ex-esposa e as crianças.

Ele fez uma pausa, e decidi não preencher o silêncio com perguntas. Frequentemente, durante uma sessão, ao contrário de uma conversa normal, é melhor deixar o silêncio embaraçoso imperar, para que o paciente o preencha. Pode ser que ele consiga olhar mais profundamente para si, ou perguntar-se o que será que não está querendo ver.

— Simplesmente não acho as mulheres grávidas sexualmente atraentes — Cy deixou escapar. — Será que isso é tão incomum? Sou o único homem que acha isso? Confesso que, quando Judy ficou grávida, não quis mais fazer sexo com ela. Não era culpa dela. Simplesmente não me sinto atraído por mulheres gordas. Quero dizer, sei que ela não estava realmente gorda, mas você sabe do que estou falando. Tinha medo de machucá-la ou o bebê. Pensava que ela estava em um estado frágil. Confesso: eu ficava surpreso quando ela expressava interesse em ter sexo. Eu achava um pouco inadequado.

Ele fez uma pausa. Senti que estava buscando alguma espécie de camaradagem masculina ou uma aprovação minha naquele momento. Eu estava formulando uma resposta e queria ser cuidadoso. É óbvio, pensei bastante sobre esse assunto. A transformação de alguém a quem se ama e se tem como parceria sexual e romântica em mãe, e a própria transformação de alguém em pai, estão carregadas de implicações sexuais, que podem abalar o melhor dos casamentos e deixar sentimentos de mágoa e estragos em seu rastro.

Sei perfeitamente bem que o desejo sexual pode ser variável. Às vezes, ele despenca logo que um casal se casa. A gravidez, as mudanças pelas quais o corpo da mulher passa e um bebê desarrumam uma série de coisas, e isso inclui a vida sexual do casal. O compromisso com o casamento e com a paternidade são coisas significativas para um homem, e podem repercutir no seu desempenho sexual.

O tempo já estava se esgotando naquela sessão, que havia se revelado bastante reveladora. Estava ficando evidente para mim que algumas das forças que haviam arruinado o primeiro casamento de Cy estavam levando o segundo à beira do precipício. Ambos os matrimônios saíram dos trilhos com a chegada das gravidezes, e nunca se recuperaram de fato. Cy chegou até a expressar alívio ao mencionar as atitudes que a ex-esposa tomou para divorciar-se. Era o que ele queria, mas não era sua intenção parecer o cara malvado, que abandona a mulher e o filho. Cy afirmou que a havia amado e não queria magoá-la, mas que empreendera uma espécie de campanha passivo-agressiva, da qual dizia não estar ciente, para aliená-la, evitá-la e afastá-la de si. Ele admitiu que, no primeiro casamento, depois que o bebê nasceu, ficava, às vezes, deliberadamente fora de casa ou "esquecia-se" de ligar para a mulher para avisar onde estava. Ele fazia outras coisas que sabia que, em algum nível, iriam irritá-la, como acumular dívidas nos cartões de crédito em conjunto, sem que ela soubesse, somente para provocar um acesso de raiva quando a fatura vencesse.

Confesso que às vezes eu não sabia de qual casamento Cy estava falando, já que a dinâmica de deslindamento era extremamente similar. A única diferença era que Judy, a esposa atual, ao contrário de Celeste, a ex, parecia determinada a não o deixar tão facilmente nessa difícil situação. Ela queria que Cy se desse conta do próprio comportamento e enfrentasse o problema. E, embora ele tivesse concordado em fazer terapia e afirmado da boca para fora que estava disposto a salvar seu casamento, parecia quase que igualmente determinado a evitar se confrontar com a questão. Quando nos concentramos no fato de que a gravidez havia sido o precipitador do problema em ambos os casamentos, ele rechaçou essa linha de investigação abruptamente.

— Vou lhe dizer uma coisa: eu amo meu filho, mas às vezes acho que seria melhor para todo mundo se Judy e eu fôssemos cada um pro seu lado. — Era sua forma de demonstrar que já havia ido longe demais. — Só gostaria que nós não tivéssemos esses problemas — murmurou. Cy geralmente fazia uso de generalizações e consideração de si como defesas quando as coisas ficavam um pouco mais áridas.

Eu queria terminar a sessão com uma nota ressonante, para dar a Cy algo em que meditar na semana seguinte, e para que, assim, pudéssemos partir do ponto em que paramos, e que estava, obviamente, começando a se tornar um terreno fértil.

— O que ouvi você dizer, Cy, é que seus casamentos, tanto o primeiro quanto o atual, foram muito bons até suas esposas ficarem grávidas, se tornarem mães. Talvez fosse interessante explorar alguns de seus sentimentos sobre sua mãe.

Ele pôs-se de pé imediatamente.

— Minha mãe é uma mulher maravilhosa — disparou de volta.

Cy faltou à sessão seguinte. E eu logo descobriria que essa forma de resistência passivo-agressiva era, também, um padrão na sua vida. Na semana seguinte, ele praticamente se desdobrou em desculpas. Disse que tinha agendado inadvertidamente uma reunião importante com um cliente na mesma hora da sessão.

— Marquei dois compromissos no mesmo horário — disse ele. — Só percebi em cima da hora. Desculpe-me. De fato, minha secretária deveria ter percebido o engano. É tão difícil encontrar uma boa assistente hoje...

Nunca lhe ocorreu — ou se ocorreu, ele se recusou a aceitar — que, assim que a terapia ameaçou se mover para um campo que lhe era profundamente desconfortável, ele começou a sabotá-la, inconscientemente. Ele se mantinha firme à crença de que estava no comando de suas ações e de que, se as coisas dessem errado, seria culpa de alguém ou fruto de um engano completamente inocente.

— Puxa, faz tanto tempo que não consigo nem me lembrar sobre o que conversamos — disse Cy. — Minhas deficiências como marido, é provável. Tenho ouvido bastante sobre isso ultimamente.

— Lembro-me de que iríamos explorar alguns sentimentos sobre sua mãe.

— Ah, ótimo — disse ele. — Você deveria conversar com minha esposa. Ela acha que tenho alguma espécie de fixação em minha mãe, ou algo assim. Continua insistindo que há algo errado comigo.

Decidi não morder a isca.

— Realmente, impus alguma distância entre mim e minha mãe. Ligo para ela cada vez menos. Eu a magoei profundamente. Judy gosta disso? Não.

— Não estou entendendo o que você está querendo dizer.

— Bem, é o seguinte: acho que Judy está certa. Talvez eu estivesse muito próximo de minha mãe. Nunca me revoltei quanto a isso. Ela estava sozinha, sabe, depois que meu pai a deixou. E ele ficava prolongando as coisas também. Vivia nos deixando e voltando para casa, aumentando nossa esperança, até que foi embora de vez. Foi duro para todos nós. Nunca quis que minha mãe se sentisse abandonada novamente, e, então, senti que era isso que Judy estava me pedindo para fazer. Abandonar minha mãe novamente.

— Como ficaram as coisas depois que seu pai foi embora?

— Tornei-me bastante cuidadoso e ansioso. Comecei a gaguejar, achava que todo mundo estava olhando para mim o tempo todo. Também não conseguia parar de me preocupar com minha mãe, então nunca me metia em confusão. Quando eu saía, o que era raro, sempre lhe dizia aonde estava indo e com quem. Nunca ficava fora de casa até tarde. Eu era realmente um bom menino, o tipo de filho que toda mãe quer ter. Quando os outros garotos começavam a fumar e a beber, ou fumar maconha, eu ia embora. Não queria desapontar minha mãe novamente. E eu tinha certeza de que, se fizesse isso, alguma coisa terrível iria me acontecer. Nas poucas vezes em que fiquei meio alto ou bêbado, mais tarde, na faculdade, nem valeu a pena, porque me senti muito culpado com o que aconteceria se minha mãe descobrisse. Ela mantinha um padrão elevado para os filhos. Era uma senhora de classe. E precisava de mim. Eu era, sabe, quase que o homem da casa, depois que papai nos deixou.

— Sua mãe apreciava todo esse seu esforço?

— Acho que sim. Sabe, ela tinha as próprias preocupações. Me dizia que os problemas eram muitos e que eu devia ser um bom menino para que não a fizesse perder a paciência, e que eu não ia gostar se aquilo acontecesse. Mas não importava quanto eu fosse bom ou tentasse agradá-la, ela sempre protegia meu irmão. Ele sempre escapava impune.

— Isso deve tê-lo magoado.

— Não, não exatamente. Ela era uma excelente mãe. Tinha os próprios problemas. Me sinto péssimo por tê-la magoado. Mas Judy insiste que devemos vê-la com menos frequência.

Durante nossas sessões, e em algumas em conjunto com a esposa, ficou evidente que o comportamento aquiescente de Cy em relação à mãe era reeditado com a esposa, e que havia uma tendência oculta de ressentimento em ambos os relacionamentos. Cy era um homem bem-sucedido no mundo corporativo, mas, em casa, em suas relações íntimas, faltava-lhe, estranhamente, assertividade. Quando Judy o criticava ou reclamava dele, ele se tornava extremamente defensivo, e negava reflexivamente que pudesse fazer qualquer coisa que a ferisse. Embora estivesse nítido que sentia raiva da esposa, ele não conseguia, até nos parâmetros relativamente seguros da terapia, expressar essa raiva.

A extensão do comportamento passivo-agressivo de Cy no casamento logo se revelou. Depois de alguns meses de terapia, ele chegou a uma sessão dizendo que Judy estava tão farta dele que estava prestes a se divorciar. Ele não parecia perturbado com isso; na verdade, parecia aliviado. O que aconteceu foi o seguinte:

Por vários meses, Cy ficou até tarde no trabalho — em parte, como já havia admitido, para evitar voltar para casa, esquivando-se da língua afiada de Judy. Às vezes, tarde da noite no escritório, ele entrava em contato com mulheres na internet apenas para conversar, somente para ter alguma interação com o sexo oposto que não estivesse permeada de hostilidade, que ele via associada ao seu casamento. Uma ou duas vezes ele teria até se encontrado com tais mulheres para almoçar. "Nunca aconteceu nada de sexual", insistia, e eu não tinha razão alguma para não acreditar nele. "Não sinto desejo sexual por nenhuma outra mulher. De qualquer modo, sou impotente, então não poderia trair Judy, mesmo que quisesse."

É óbvio, Judy descobrira esses contatos; Cy não havia feito muita coisa para escondê-los. Ela se recusava a acreditar que eram inocentes, e tinha certeza de que Cy a estava traindo. Ela o esculhambou por não ser homem o suficiente para contar-lhe, e por agir sorrateiramente. Foi uma cena terrível, que terminou com arremesso de pratos e ameaças. Cy tinha certeza de que, desta vez, Judy estava falando sério sobre querer divorciar-se, e estava quase que totalmente convencido de que a culpa era sua.

Era nítido que Cy achava que, ao revelar finalmente suas "más ações" para mim, estaria fazendo exatamente o que a relação terapêutica exigia, sendo totalmente honesto e admitindo a própria "culpa", na esperança de receber algum tipo de absolvição. Entretanto, a terapia não é um confessionário, um lugar ao qual alguém vem para ser absolvido dos próprios pecados, e, em todo caso, não existe essa noção de "pecador" na psicoterapia. Contudo, a tendência de Cy de culpar-se, de culpar os outros e de buscar absolvição sublinhava a natureza intolerante de seu histórico familiar e sua orientação. Alguém tinha que ter falhado; alguém tinha que ser culpado e pagar por aquilo.

Embora gostasse dele e o achasse agradável, Cy havia se transformado num paciente extremamente frustrante. Eu acreditava que não conseguira atingi-lo, e que seu padrão era recorrer a sentimentos de culpa como defesa, como se estivesse me passando uma batata quente, esperando que eu a deixasse cair. No entanto, ele simplesmente não ia se aprofundar nos próprios sentimentos. Continuava na defensiva, mesmo quando sabia que estava sendo totalmente honesto. Por exemplo, embora fosse óbvio em tudo o que dizia, Cy levou bastante tempo para admitir que sentia raiva da esposa. Ainda mais remota era a possibilidade de assumir qualquer sentimento de raiva pela mãe, sem falar em perceber a conexão que essa relação constitutiva poderia ter com suas circunstâncias atuais.

Cy nunca conseguiu desenvolver a habilidade de expressar sua raiva diretamente às pessoas que a despertavam — a mãe carente, de quem nunca conseguiu obter o status de criança favorecida, e o pai desertor, severamente crítico e irresponsável. Em vez disso, sua raiva era camuflada e expressa tortuosamente, de tal modo que se vingava e, ao mesmo tempo, se machucava. Cy queria evitar se transformar no pai — um homem que abandonou a família. Cy precisou não se tornar “o pai”, agradando sua mãe. Estava falhando miseravelmente nas duas questões. Estava prestes a abandonar de vez sua segunda esposa e o filho, e, embora elaborasse várias racionalizações, isso nitidamente o estava consumindo. Cy nunca se separou efetivamente da mãe e tinha, de fato, se tornado o homem da vida dela quando o pai a deixou, uma situação patológica carregada de perigos edípicos para todos os envolvidos.

O ponto nevrálgico de seus casamentos, conforme tentei lhe explicar, foi quando suas mulheres ficaram grávidas: a gravidez é igual à maternidade, que é igual à sua esposa, que é igual à sua mãe. O sexo, portanto, está proibido. A gravidez também significava uma transformação em seu status para a posição de pai, outro estado problemático para ele. Os pais, de acordo com sua experiência profundamente arraigada, abandonam os filhos, uma coisa terrível em sua mente. Ainda que ser um pai desse tipo fosse algo que o amedrontava enormemente, ele estava impelido a repetir a experiência traumática pela qual passara. A paternidade era um risco terrível, se observada à luz da deserção de seu pai. Afinal, quando era criança, Cy o idolatrava, mas viu-se, em seguida, desapontado e aviltado por ele. Cy tentou agradá-lo, mas seus esforços sempre deram errado. Ele desiludiu-se com o pai, mas, o mais importante, desiludiu-se consigo mesmo. Sentia-se um fracassado, que foi a mensagem que recebera do pai.

E, então, havia o problema de sua impotência, um sintoma aparentemente físico, para o qual todos os problemas de Cy pareciam convergir. Se ele é impotente, não pode ter sexo com sua esposa/mãe. Também não pode ser um pai para um filho que, no futuro, abandonará. (Como ele pôde fecundar a esposa se é impotente?) A impotência também tinha o efeito de fazer a esposa se sentir indesejável, criando uma alienação do casamento e uma eventual fuga para Cy. Enquanto isso, ele podia brincar de encontrar outras mulheres, irritando a esposa, ao mesmo tempo em que assegurava a si que não faria sexo com elas. Afinal, ele era impotente. Observada com objetividade, e sem considerar qualquer um dos sentimentos de mágoa provocados por ela, sua impotência, como uma estratégia de seu inconsciente, era perversamente engenhosa. No fim, é presumível que, se o roteiro continuasse a ser seguido, ele poderia se ver livre desse embaraço e começar todo o ciclo de novo.

Gostaria de poder dizer que minhas delicadas sugestões sobre algumas dessas profundas conexões e das causas do comportamento de Cy tiveram um efeito apaziguador. No entanto, não foi assim. Ao contrário, as coisas pareciam se mover rapidamente em direção ao divórcio. Tentei dizer a Cy que ele deveria considerar com muito cuidado o fato de estar se colocando em um lugar bastante familiar. Lembrei-lhe de que o divórcio não era algo com que ele deveria chegar a um acordo. Ao contrário, era a dinâmica que sustentava os motivos pelos quais ele se mantinha na mesma situação. Além disso, deixei explícita a minha sensação de que seu ímpeto de acabar com o casamento era muito intenso, muito compulsivo. Disse a ele que até poderia entender seu impulso de deixar tudo para trás se tivesse outra mulher, mas não era o caso.

As coisas entre Cy e a esposa ficaram cada vez mais insustentáveis. Minha relação com ele também parecia bem cambaleante.

Tento sempre não desistir de um paciente, e, felizmente, meus procedimentos com Cy confirmaram que sempre há esperança. Ele compareceu a uma sessão depois de ter assistido a um filme que fazia referência à masturbação como um procedimento normal entre os adolescentes.

— Nunca me masturbei quando era adolescente — disse ele. — Pergunto a mim mesmo o porquê. Acho que tinha medo de ser flagrado, de ficar envergonhado.

Isso deu abertura para uma infinidade de comentários que a mãe de Cy havia feito, quando ele era adolescente, sobre o comportamento sexual "nojento" do pai, e o comportamento sexual "nojento" dos homens em geral.

Cy lembrou-se, ainda, que a mãe frequentemente ficava de lingerie em casa e, às vezes, até nua. Naquela época, ele não via mal nisso. Hoje em dia, porém, imaginava por que ela fizera isso. Também lembrou que a mãe comprava roupas para ele que estavam em desacordo com as dos jovens adolescentes da época, roupas que os outros jovens consideravam "afeminadas". Revelando tais coisas, Cy repentinamente fez questão de me assegurar de que não era gay, e que não tinha interesse sexual em homens. Contudo, se deu conta das mensagens dolorosamente contraditórias que havia recebido da mãe, e percebeu que se acostumara a reprimir os sentimentos sexuais que eram suscitados por ela.

E foi assim, por causa de todo o trabalho de base que elaboramos, que Cy estava pronto para a emergência dessas memórias e sentimentos quando assistiu ao filme. O trabalho que havíamos feito preparou-o para a compreensão de que ele havia sido reprimido. A mãe negava a sexualidade dele, ao mesmo tempo em que o estimulava a admirá-la e a reagir sexualmente a ela.

Em seguida à emergência de tais memórias e da reação emocional que elas lhe despertavam, Cy, pela primeira vez em anos, sentiu desejo pela esposa. Pela primeira vez em vários anos eles tiveram relações sexuais plenas.

O complexo de Édipo é a base para muitas brincadeiras sobre a teoria psicanalítica, e, em geral, é rechaçado terminantemente. Entretanto, quando alguém se depara com as muitas ramificações das questões edípicas durante a própria análise e na dos pacientes, a brincadeira acaba. É central e crucial em muitas dificuldades ao longo da vida, do casamento e da criação dos filhos.

No caso de Cy, era especialmente relevante. A mãe o seduzia andando nua na frente dele. Isso deve ser estimulante para um garoto. Contudo, o que ele faz com essa estimulação? Cy não tinha escolha, a não ser reprimir seus sentimentos, para não reagir a essa perturbadora e prematura estimulação pelo objeto sexual proibido, na forma da mãe. Esse processo de repressão do desejo aconteceu não apenas na infância e na adolescência, mas também com as esposas, quando elas ficaram grávidas. As mulheres grávidas eram mães em potencial, e o sexo estava fora de cogitação. De fato, todos os desejos sexuais tinham que ser negados e reprimidos, mesmo à custa dos próprios sentimentos de adequação. Para tornar as coisas piores, seu pai havia fracassado em ser uma força consistente e amorosa na vida dele. Fracassou ao não prover a proteção da qual o garoto precisava para controlar suas urgências sexuais. A mãe, ao estimulá-lo, também difamava a sexualidade masculina e os impulsos masturbatórios, que teriam lhe propiciado um meio de dar vazão e uma mínima garantia da sua masculinidade. Em vez disso, a mãe tentava vesti-lo como um ser assexual, ou, talvez, uma adolescente. Lógico, seu favorecimento ao irmão como o "macho" e a posição de Cy como o "pequeno bom garoto" somente tornava o quadro mais dramático.

O esforço de Cy para se distanciar da mãe, especialmente sob as ordens da esposa, pouco ajudou na resolução do conflito, porque sua esposa já havia ocupado o lugar da mãe em sua psique. A gravidez reacendeu a necessidade de renunciar à mãe como objeto sexual, assim como havia sido o caso no primeiro casamento. Cy, realmente, não tinha uma figura de identificação masculina adequada para orientá-lo em uma direção. O inconstante e crítico pai abandonou-o, e ele o odiava por isso. O pai havia recorrido a maneiras passivo-agressivas de lidar com a família, indo embora e retornando ao lar, e vingando-se da esposa ao se esquivar e fugir das questões. Cy estava repetindo isso ao passar noites fora e recorrer a autocensuras cheias de culpa. Para ele, era inevitável que, assim como o pai, estivesse destinado a abandonar a esposa e o filho. O divórcio e o abandono tinham que acontecer. Então, a sensação era que seria melhor fazer isso logo. Como Freud e seus seguidores assinalaram, o complexo de Édipo masculino não pode ser superado com sucesso sem a identificação com o pai.

A solução desse problema pela psicoterapia era que Cy se valesse da relação com o analista para trabalhá-lo. Ele lutava contra isso faltando às sessões, chegando atrasado e resistindo — culpando-se ou julgando a si e à sua esposa. Essa era sua manobra de autossabotagem direcionada para o status quo. As mudanças vieram com muita dificuldade. Significavam confrontar os sentimentos desagradáveis e arriscados, virando seu mundo de ponta-cabeça, por mais insípido que fosse. As mudanças ocorrem a partir da relação terapêutica, e foi difícil fazer com que Cy se comprometesse com isso.

Entretanto, gradativamente, Cy se tornou mais aberto e direto. Ele ainda estava na defensiva, mas tudo começou a mudar. O foco de seus sonhos, os quais logo no início da terapia tinham a ver com acidentes aéreos e tragédias que não podiam ser evitadas, mudou para sonhos com o pai, que não havia sido uma questão central até aquele momento. Cy não o via há anos, e ainda não tinha vontade alguma de vê-lo. Entretanto, as associações com o pai e aquele relacionamento despertaram fortes sentimentos de dor e sofrimento ao se lembrar do tratamento agressivo que recebera. A raiva de Cy pelo pai tornou-se mais abertamente afirmada, ao lado da tristeza de nunca ter tido, efetivamente, um pai que o apoiasse, e pelo fato de ter que compensar o estrago que o pai fizera a ele e à mãe.

A emergência desses sonhos sugeriu que Cy estava pronto para seguir em frente, para se ver e pôr em prática suas necessidades e desejos. As relações com a esposa melhoraram, sua vida sexual ressurgiu, e ele estava mais apto a assumir a responsabilidade pela própria vida, e também mostrar as iniciativas que estiveram ausentes. Não precisava mais recorrer a manobras passivo-agressivas, pois estava mais receptivo e franco. Cy mudou, e suas relações com a esposa e a família também mudaram. E, assim, um dos tipos mais difíceis de comportamento repetitivo foi finalmente modificado, e Cy estava, quase que totalmente, livre.

A espiral descendente no casamento de Cy e seu comportamento sabotador eram estimulados por outra razão importante. Era a conhecida "reação de aniversário": ele se sentia inconscientemente impelido a terminar seu casamento depois de decorrido o mesmo número de anos que o relacionamento de seus pais havia durado. Isso emergiu quando ele não sabia mais o que fazer e estava prestes a assinar o divórcio. Cy disse: "Sei que destruí meu casamento e tenho que conviver com isso." Essa constatação, por sua vez, levou-o a compreender que estava agindo como um robô no seu comportamento destrutivo, no modo como pretendia pôr fim em seu casamento. Ele não havia tido percepção alguma de que, na mente, alimentava a crença de que seu casamento não duraria, e nem poderia durar, mais que o dos pais. Era como se ele estivesse programado para pôr fim ao matrimônio depois do mesmo número de anos. Isso lhe serviu como uma epifania, abrindo portas para uma conscientização maior de que seu comportamento estava além do seu controle e fora de sua consciência.

As reações de aniversário podem ser observadas de muitas maneiras. Quando não são conscientes, uma disposição depressiva pode perturbar inexplicavelmente o indivíduo, e apenas posteriormente é que ele se dá conta de que, naquela mesma data, um parente morreu, um aborto foi feito ou outra coisa significativa aconteceu.

Muitas religiões ritualizam as datas rememorativas, com base em uma compreensão bastante sólida da tendência humana de manter um inventário dos acontecimentos significativos da vida. Elas promovem um ritual de marcar a hora, de assegurar que aquele aniversário seja algo consciente e explicitamente relembrado. Seja o Yahrzeit na religião judaica ou o Ofício das Benditas Almas no Purgatório no catolicismo, há uma identificação de que um acontecimento significativo ocorreu em tal data. Representa uma maneira de marcar aquele acontecimento. Sem essa consciência, muitas pessoas "esquecem" ou "não sabem" a data, mas reagem de muitas maneiras, com uma infinidade de sentimentos que não conseguem explicar. No caso de Cy, a compreensão de que estava marcando o tempo de seu casamento tomando por base a duração do casamento dos pais serviu-lhe como uma epifania, que enunciou nitidamente que estava destruindo seu casamento por uma força oculta que ditava quanto tempo seu casamento deveria durar e quando deveria chegar ao fim.

A reação de aniversário é um bom exemplo da compulsão à repetição no trabalho. O trauma do divórcio, da perda, da morte é reprimido, mas reeditado pelo comportamento na forma de oscilações do humor ou em ações que não podem ser explicadas.

Nos capítulos anteriores, observamos os casos de Howard e Arthur, dois homens que eram agressivos e serenos no seu modo de ser, o que criava dificuldades no emprego e na vida pessoal. Esse também era o caso de Jack.

* * *

A história de Max era diferente. Max não era consistente na profissão. Ele ficou anestesiado e paralisado. Grande parte do seu trabalho era redigir material de propaganda. Ele estava envolvido em um empreendimento sem fins lucrativos, voltado para melhorar o meio ambiente, mas isso significava ir de encontro a poderosas forças políticas, grandes negócios. Ele queria ajudar o mundo, mas não conseguia chegar a um acordo sobre a necessidade de lutar agressivamente para alcançar seus objetivos. Max tinha medo de sua agressividade e retaliações, caso fosse bem-sucedido.

Max descreveu a mãe como cruel. Ela era negativa sobre todos e tudo. Max nasceu durante a Segunda Guerra Mundial, enquanto o pai estava fora do país. Somente conheceu o pai com, aproximadamente, 4 anos. Durante aqueles primeiros anos, a mãe manifestava sua fúria pelo fato de o marido estar fora. Em sua visão, era como se ele tivesse abandonado a família. Ela parecia não se importar com o fato de que havia uma guerra acontecendo, e de que o marido havia sido recrutado para lutar. Quando o pai finalmente retornou, a mãe continuou a despejar sua raiva sobre ele, pelo fato de ter ido embora. Para tornar as coisas ainda piores, seu pai contava histórias da guerra, descrevendo ocasiões em que fora atingido por tiros enquanto vigiava o inimigo. Embora não tivesse se ferido, falava do seu modo de lutar no cumprimento do dever. Isso apenas fazia com que sua mãe ficasse mais ansiosa e zangada, por se dar conta de que ele, realmente, podia ter morrido, e tê-la deixado sozinha com uma criança.

A mensagem transpareceu nitidamente. Se você for agressivo, é certo que receberá uma retaliação. As pessoas vão matá-lo ou sua esposa ficará zangada com você. A solução encontrada por Max foi ser o bom rapaz, ajudar os outros, ajudar o mundo, e não ser agressivo. Ele evitou se envolver em brigas ou discussões ao longo de sua formação acadêmica. Fazia o que era esperado dele e mantinha distância dos outros. Engajou-se em atividades de proteção ao meio ambiente que o levaram a partes longínquas da Ásia e África, sempre acreditando fazer o que considerava certo. E sempre com baixos níveis de compensação. Ele preferia ficar nos bastidores. Fazia seu trabalho e outras pessoas recebiam o crédito, mas isso não o incomodava.

Até que se envolveu em um projeto que o colocou em oposição direta a forças poderosas. A partir de então não conseguiu mais trabalhar. Preocupado com o fato de se sentir bloqueado e não conseguir redigir o anúncio que lhe exigiam, Max não sabia o que teria que encarar. Sabia que estava ansioso, mas achou que a ansiedade era decorrente de não conseguir trabalhar.

Durante a terapia, principalmente em razão dos sonhos de ser atacado por grandes e assustadores animais, veio à tona que ele se via como alguém que estava sendo derrotado. O bloqueio aconteceu porque ele passou a considerar sua escrita um ato agressivo que apenas lhe traria problemas e sofrimento. (É interessante que Max evitava trabalhos que seriam mais gratificantes financeiramente para não ter que se arriscar e agir mais assertivamente. Preferia agir com cautela, atuando em uma área que pagava muito menos e promovia uma causa social positiva.) Para seu assombro e temor, Max descobriu que a escolha do "caminho seguro" se revelara não tão segura.

Assim como o pai serviu ao país e acabou incorrendo na ira da esposa, Max servia à sua causa e tinha que conviver com o medo de ser visto como um inimigo.

Quando os outros se viam como lutadores, para demonstrar que podiam resistir à oposição e derrotá-la, Max evitava o confronto e a luta. Ele vivia sob uma nuvem que lhe ditava que o bem tinha que ser acompanhado do mal, o sucesso, do fracasso. Isso foi nitidamente demonstrado quando Max teve que fazer uma palestra para um grupo importante, de cujo apoio ele precisava desesperadamente. Ele trabalhou sob intenso estresse para preparar a apresentação. Foi bem-sucedido e alcançou os resultados que esperava. Quando comentou sobre isso, teimou que algo teria que acontecer para atrapalhar seu sucesso. Ele não se permitia sentir prazer com seu feito, e tinha que se preparar para o pior. Evidentemente, Max sofria de anedonia e de incapacidade de experimentar o prazer. Sofria com sentimentos esmagadores e onipresentes de culpa, que estavam relacionados ao fato de não se sentir merecedor.

Outro aspecto da tendência à repetição tem por base a imagem de si. Estruturamos e interpretamos o mundo segundo o sistema de referências que temos dele e de nós mesmos nele. Uma pessoa que cresceu se achando capaz e eficiente verá o mundo de modo bastante diferente daquela que se acha incapaz e ineficiente. A confiança de uma pessoa na habilidade de lidar com o mundo vai se refletir na maneira de estruturar seus relacionamentos. Alguém que tem amigos, que se sente confiante e atraente, vai se relacionar de maneira diferente de quem se sente idiota, fraco ou pouco atraente. Esse modo de estruturar o mundo é involuntário[1] e automático, uma parte integrante da personalidade daquela pessoa. É manifesto pelo indivíduo na escolha das pessoas a quem ele se associa e na forma de se relacionarem. As pessoas tendem a se relacionar com tiranos, ou elas se associam àqueles que conduzem a vida com amor-próprio e respeito? Elas são alvo de piadas e chacotas, por se relacionar com outros que as veem como tolas, ou são respeitadas e ouvidas? Elas se veem como indignas e indesejáveis, ou como agradáveis e estimadas? Elas, como figuras parentais, comunicam aos filhos que são fracassadas, oprimidas em um mundo injusto, ou demonstram que eles têm valor e podem seguir uma vida de sucesso? Os indivíduos pensam que os outros querem sempre tirar vantagem deles, de modo que têm que estar vigilantes e em alerta? O mundo é um lugar assustador que os está ameaçando o tempo todo, ou há alguma segurança?

A dificuldade é que tais percepções de si ocorrem de modo sutil, na juventude e usualmente permeiam a atmosfera da família. As pistas e sugestões são comunicadas pelas atitudes dos pais em relação a si mesmos e aos outros, e até em relação ao mundo em geral. Tais atitudes são aceitas e internalizadas como "o jeito que as coisas são, e não há nada que alguém possa fazer". Então, a criança continua a repetir os sentimentos e as atitudes, o *weltanschauung*, ou a "cosmovisão", que é parte da estrutura familiar. Aqueles, como Fred, no Capítulo 1, que conseguem avaliar criticamente o sistema de crenças da família, correm o risco de ostracismo e rejeição.

Helen tinha 11 anos quando a mãe a levou ao consultório. Ao trabalhar com ela, descobri algumas coisas: Helen era filha única, nascida em uma família cujo pai era um workaholic muito bem-sucedido, um homem que era impaciente com a esposa e a filha. Ele não conseguia tolerar erros ou imperfeições, e era extremamente crítico com elas. A mãe tolerava o comportamento do marido. Helen, não. Ela defrontava-se com o pai agressivamente sobre seu comportamento aviltante em relação a ela e à mãe. O pai se tornou mais áspero. A mãe dizia à filha que não interferisse nem o confrontasse. Helen se via sozinha e sem o apoio da pessoa a quem estava tentando ajudar. Ela se sentia distante, alienada e incapaz de se comunicar tanto com o pai quanto com a mãe. Buscou o apoio dos colegas de classe, mas de uma forma muito necessitada. A sensação de inutilidade permeava sua vida e ela procurava o apoio de quase todos com quem entrava em contato. A carência de Helen se manifestava de um modo desajeitado e inadequadamente exigente. Ela tentava fazer amigos impondo-se, tentando, desesperadamente, cair em suas graças. Contudo, em vez de atrair os outros, ela os repelia com sua carência. Helen desenvolveu reações fóbicas, que apenas tornavam sua vida mais difícil e faziam com que ela parecesse estranha e esquisita aos outros. Trabalhamos juntos por aproximadamente seis meses, e a situação na escola e com os colegas melhorou um pouco. E, então, antes que pudéssemos completar nosso trabalho, a terapia foi encerrada pela mãe dela.

Helen voltou a me ver cerca de trinta anos depois. Havia concluído a universidade, viajado bastante, e fora casada por pouco tempo. Entretanto, sua maneira de se relacionar com os outros continuava a mesma de quando tinha 11 anos. Ela tentava ganhar amigos oferecendo favores; era crédula e ingênua; um alvo fácil para aqueles que queriam se aproveitar, porque percebiam sua intensa carência.

Ela continuava a repetir o mesmo padrão diante do mundo e das pessoas. Estruturou sua realidade como uma pessoa rejeitada, alguém de quem os outros de fato não gostavam e a quem não queriam se associar. Via-se como indesejável e tentava conquistar os outros forçando-os a aceitá-la. Estava disposta a pagar o preço para comprar a aceitação. Embora seus esforços não produzissem os resultados esperados, ela insistia. Tentava cativar amigos insinuando-se entre eles, realizando suas vontades, tentando agradá-los com métodos altamente inadequados. Mostrava-se como uma pessoa muito necessitada de amor e aceitação. Além disso, em seus esforços para parecer amigável, entusiástica e exuberante, passava uma imagem de inautenticidade que era, de fato, falsa, sozinha, desesperada. Não apenas sabotava as chances de fazer amigos, como também de desenvolver amor-próprio — porque aparentava ser uma pessoa ávida e carente, que não se sentia merecedora de respeito e cuidado.

Quando comecei a trabalhar com Helen novamente, depois de todos aqueles anos, ela havia acabado de se mudar para outro apartamento. Queria conhecer seus vizinhos. Convidou-os para uma festa em sua casa. Planejou um serviço completo, com ajudantes, jantar, vinho, flores etc. Tudo isso para pessoas que nem conhecia. Ela ficou consternada quando assinalei que estava repetindo o mesmo e velho tema.

Com certo receio, ela moderou seus planos. Em vez de um jantar elaborado, convidou os vizinhos para um coquetel, uma pequena e informal recepção. Eles compareceram, ficaram gratos pelo convite e se mostraram interessados em estabelecer uma amizade cortês com ela. Helen me revelou que ficou chocada ao descobrir que não precisou oferecer vinho e jantar para atrair a amizade daquelas pessoas. Ela começou a perceber que seus intensos esforços, além de desnecessários, sabotavam o que ela realmente desejava.

No entanto, apenas essa percepção não era suficiente. Helen tinha que encarar a raiva e a frustração que começou a sentir logo cedo na vida, pela censura constante, a sensação de que não era boa o suficiente, que não teria a segurança e a confiança necessárias da família. Tinha que encarar a raiva provocada pela falta de amor familiar, por precisar transferir suas necessidades para outras pessoas apenas para ser rejeitada novamente.

O caminho com Helen foi longo e difícil. Ela não queria admitir para si, e muito menos para mim, a raiva que sentia; não queria nem mesmo se permitir lastimar as rejeições, a dor e a mágoa que estava vivenciando. Em vez disso, por um longo tempo, procurou obstinadamente a aceitação, continuando a negligenciar o fato de que seus esforços não estavam lhe dando o que ela precisava e queria. Colocava-se, repetidamente, em situações nas quais alguém estava tirando proveito ou abusando dela. Helen tornou a vida difícil para si mesma, para mostrar que podia sobreviver a todo tipo de insultos e ameaças

Num dado momento, contou-me que tinha descargas de adrenalina quando praticava paraquedismo e bungee jumping, e disse que isso provava que ela não tinha medo da vida.

Na realidade, Helen tinha muito medo da vida. Ela se sentia vulnerável e em perigo. Focalizar somente seu comportamento manifesto não resolvia, e não resolveria o problema. Ela tinha que lidar com os sentimentos subjacentes.

Em contraste com Helen, que convivia com a imagem de si mesma como a "rejeitada", há pessoas que se veem como indigentes e privadas de algo, quando, de fato, a realidade objetiva é bem diferente. Esses indivíduos tiveram muitas vantagens e oportunidades como classe média ou classe média alta e, ainda assim, enxergam-se como necessitados. Não se sentem rejeitados, mas trapaceados. Para eles, o sentimento resultante é o de merecimento, uma sensação de que o que conseguiram não é o suficiente. Isso é repetido em uma série de cenários e infinitas maneiras que sempre encontram expressão em frases como "Devo conseguir algo de graça, sem me esforçar ou trabalhar para isso" ou "Eu mereço; tenho esse direito". Algumas vezes, o refrão é: "O que você fez por mim ultimamente?", ou: "Vou levar o que eu quiser se você não me der."

Sarah era modelo. Era linda e bem-paga, e trabalhava para uma grande agência. Frequentou escolas particulares e internatos de primeiro nível, e, depois, uma respeitada universidade. Era filha única, e seus pais eram profissionais ocupados desde a época em que ela nasceu. Sarah foi criada por uma série de babás, que eram boas com ela, mas que iam e vinham. Os pais a amavam e ficavam orgulhosos de sua aparência e seus feitos, mas doavam-se pouco. Sarah tinha amigos, dias de brincadeiras e festas quando era criança, sempre acompanhada de suas babás. Os pais não tinham tempo.

Ela cresceu e casou-se com um belo homem bem-sucedido, que era muito ocupado e viajava bastante. Sarah procurou a terapia porque sabia que algo estava errado com o seu comportamento. Ela tinha tudo, mas roubava em lojas. Nunca — até agora — havia sido pega. Ia às lojas de roupas mais finas e conseguia sair com peças novas para seu guarda-roupa. Ela não conseguia se conter. Não se sentia culpada nem pensava na possibilidade de ser flagrada. Apenas tinha que fazer. Sabia que tinha um problema, porque seu armário estava repleto de roupas que não precisava, e ela poderia facilmente comprar outras. Contudo, o desafio — a compulsão — era conseguir alguma coisa que quisesse, sem ter de pagar por aquilo. Ela se via como "a pobre menina rica" que tinha tudo, mas desejava mais. Achava que tinha o direito de ter aquilo que conseguisse pegar.

Como Helen, Sarah estava sentindo uma falta ardente de algo, sedenta num mar de abundância. Helen tinha que comprar amigos, fazer com que as pessoas gostassem dela, mesmo que isso significasse impor-se a eles. Sarah tinha que conseguir roupas de graça, mesmo que isso significasse ter que roubá-las.

As duas mulheres vivenciavam profundos sentimentos de privação, que não aceitavam. Eram exasperadas e deprimidas, ao mesmo tempo em que demonstravam uma felicidade de fachada. Reprimiam a raiva e a tristeza enquanto buscavam repetidamente a "cura" para seus apetites íntimos. Insistiam em tentar ganhar o amor — para abastecer-se — por meios autodestrutivos.

O efeito do relacionamento entre irmãos na imagem de uma pessoa e em repetições duradouras é importante, porque a maneira de se relacionar na vida adulta é, em muitos casos, determinada pela interação com os irmãos. Insultos e provocações, comparações desfavoráveis entre irmãos, maneiras diferentes segundo as quais são tratados na família, tudo isso desempenha um papel importante no modo de cada um se ver. Embora a rivalidade entre irmãos seja, em geral, considerada normal e parte do processo de crescimento familiar, há excessos que são mais frequentemente identificáveis no modo de os pais se relacionarem entre si e com os filhos que no relacionamento entre irmãos.

Lutas competitivas ou, alternativamente, abster-se de competir podem ser atitudes atribuídas ao relacionamento entre irmãos. Uma criança cujo irmão mais velho é rebelde e castigado pelos pais pode vivenciar isso como um sinal explícito de que não deve se revoltar e, sim, se conformar, mesmo que isso signifique inibir seus sentimentos. A criança mais nova torna-se o "bom filho", que nunca se envolve em problemas, resignando-se, com medo de que os castigos destinados ao irmão se voltem para ela. Os irmãos podem despertar sentimentos de raiva e culpa, provocando um intenso ressentimento, que pode se tornar parte da imagem que fazem de si mesma, da maneira pela qual um indivíduo vê a si e os outros mais tarde na vida.

Entretanto, os irmãos também podem ser modelos positivos e fontes de encorajamento, especialmente naqueles casos em que os pais trabalham por longas horas, ou em famílias de pai ou mãe solteiros. Depende muito dos pais.

Bertha, uma mulher deprimida de 40 anos, procurou tratamento por conta do estado crônico de infelicidade, da inabilidade de estabelecer relações duradouras, da dificuldade em demonstrar afeto pelos filhos e indiferença no casamento.

Depois de longas manifestações de raiva direcionadas aos pais por não terem conseguido oferecer-lhe um ambiente mais amoroso e aconchegante, Bertha se lembrou de um incidente de quando tinha apenas 4 anos. A mãe pediu-lhe que desse uma olhada na irmã menor que dormia no carrinho, na área externa da casa. Enquanto Bertha estava executando sua tarefa (que não lhe agradava), o carrinho moveu-se da calçada para o asfalto. A mãe, que observava a cena da janela, saiu correndo para pegá-lo e repreendeu severamente a menina Bertha. Esse incidente tornou-se um momento de referência para Bertha, em torno do qual grande parte de sua vida foi organizada. A partir de então, em parte por conta do episódio em que lhe foi incumbida uma responsabilidade muito grande para uma criança de 4 anos, ela passou a odiar a irmã — que, aos olhos de Bertha, tornou-se o símbolo do castigo e do afastamento da mãe. A menina estava decidida a não se parecer com a irmã. Ela era uma lembrança constante da inaptidão de Bertha e a causa da sua dificuldade com a mãe.

Como consequência, Bertha passou a reagir com hostilidade e negativismo às demandas que lhe eram feitas, porque não confiava em si mesma.

Tinha medo de que seus impulsos destrutivos se traduzissem em ação — como acontecera quando tinha 4 anos. Não se permitia envolver-se demais nos cuidados com os próprios filhos e nas responsabilidades que estavam associadas ao seu papel de mãe e provedora.

O marido de Bertha era um profissional bem-sucedido, e conseguia pagar o tratamento para aliviar o fardo que Bertha carregava. As babás nunca eram cuidadosas ou atenciosas o suficiente com as crianças. Na verdade, Bertha não conseguia se permitir ser feliz por quase nada. Estava sempre vigilante, com medo de que as coisas fugissem ao seu controle. Muito do seu modo de proceder na vida adulta foi influenciado pela relação que desenvolveu na infância com a irmã, com quem, agora, tinha pouco contato. Entretanto, a irmã representava a pessoa que tornara sua vida uma completa desgraça.

Em contraste com Bertha, Florence não lutava. Ela se retraía, sacrificando a própria assertividade. Florence era a filha mais velha de uma família de seis irmãos, cuja mãe havia sacrificado os próprios planos educacionais e profissionais para constituir uma família. A mãe tinha muito pouca paciência com crianças, especialmente com a primogênita. Não sabia o que fazer com a filha mais velha e não lidava bem com o fato de ter abandonado seus planos de vida. Sob muitos aspectos, Florence cresceu sozinha, pois, logo depois de seu nascimento, a mãe ficou grávida novamente, e de novo, e de novo. A princípio, ainda uma criança pequena, ela tentou ganhar a afeição da mãe ajudando-a, sendo uma "mãe substituta" para os bebês. Tentou tomar conta deles, mas era muito jovem, e não foi bem-sucedida. A mãe ficava extremamente impaciente com a pequena ajudante. E as crianças menores queriam a atenção da mãe, não da irmã. Florence desistiu de lutar por seu lugar na família, retraindo-se e evitando confrontos. Tornou-se uma excelente aluna — o que serviu para causar inveja nas crianças menores.

Florence veio procurar terapia logo depois de dar início a uma nova profissão, na qual as mulheres eram brilhantes, talentosas e muito competitivas. Ela era tão brilhante e talentosa quanto as outras, mas pouquíssimo competitiva. Estava bem-preparada em termos de conhecimento, inteligência e habilidade, mas apresentava problemas para ser assertiva. Onde as outras avançavam para conquistar reconhecimento na área, Florence ficava na retaguarda. Via as colegas indo em frente, construindo uma reputação cada vez mais sólida. Ela estava ciente das limitações das colegas e, mais do que isso, sabia, acertadamente, que poderia ter feito um trabalho muito melhor que o delas. Tudo isso, porém, se passava em seu íntimo. Ela não conseguia reunir forças para se colocar em evidência. Lia, estudava e trabalhava para aprimorar seus conhecimentos e sua experiência. Nas reuniões, entretanto, embora tivesse coisas a dizer, mostrava-se condescendente com as outras. Não conseguia falar.

Florence estava reeditando o lugar que ocupava na família. Em vez de lutar, retraía-se e dirigia a atenção para o autoaprimoramento. Na terapia, ela percebeu o que estava fazendo. Estava se sentindo deslocada por seus irmãos, que recebiam a maior parte da atenção da mãe. Florence se deu conta disso, recolheu-se e ficou em silêncio. Também percebeu que, agora, tinha uma escolha — ela não precisava competir pelo reconhecimento na área profissional, mas poderia se quisesse. Poderia competir livremente. Não precisava reeditar o que havia sofrido no passado.

Capítulo 8

Como reconhecer e solucionar as repetições de comportamentos de autossabotagem

Um ponto crucial para nosso entendimento da compulsão à repetição é o conceito de "trauma" e "repressão" dos sentimentos associados ao trauma. Na linguagem comum, usamos o termo "trauma" para fazer referência a acontecimentos extrínsecos, como acontecimentos apavorantes que afetam todos os que são expostos a eles — tornados, guerras, tsunamis ou furacões. Entretanto, do modo que está sendo empregado aqui, o trauma se refere a experiências seletivas, pessoais, que chocam e horrorizam, que arruínam gradativamente a suposição de que existe alguma estabilidade em nosso mundo. Em outras palavras, o trauma, aqui, é definido pela maneira que este é vivenciado pelo indivíduo. Assim, o que é ameaçador e traumático para uma pessoa pode não ser para outra. Para aqueles que vivenciam esses acontecimentos traumáticos, há uma necessidade profunda, compulsiva e inconsciente de dominar aquilo que foi experimentado como algo fora de controle. Quando não podemos obter o controle, às vezes reprimimos ou enterramos nossos sentimentos e memórias. Tal repressão é uma forma de nos proteger de experiências que perturbam nosso equilíbrio emocional; experiências tão terríveis que não conseguimos mantê-las na consciência. No entanto, a repressão, como vimos nitidamente até agora, não enterra apenas o acontecimento — nem sentimentos e lembranças a ele associados —, mas também os elementos que o acompanham. O resultado é que tais memórias e sentimentos reprimidos estão sujeitos a muitas distorções.

Há uma vasta literatura recente[1] que lida com as reações de resiliência e resistência ao trauma. A maior parte desses estudos fala apenas em considerações a curto prazo e em comportamentos manifestos. O que está faltando na maioria desses estudos, entretanto, é a consideração de efeitos a longo prazo dos traumas nos indivíduos, tomando por base a história dele na vivência do trauma. Em vez de se falar sobre "resistência" ou "resiliência" como entidades em si mesmas, é necessário considerar a configuração da vida do indivíduo como um todo. Na verdade, existem diferenças individuais, mas as sensibilidades são reduzidas ou exacerbadas pelas experiências de vida. Também é provável que fatores biológicos ou hereditários desempenhem um papel importante quando se fala em "resiliência" e "resistência" como respostas a um trauma. Entretanto, um indivíduo que vivenciou um trauma na infância reagirá a traumas posteriores de maneira bastante diferente da pessoa que não vivenciou nenhum trauma anteriormente. Essie provavelmente não teria reagido como reagiu à devastação do 11 de Setembro se não tivesse vivenciado determinadas experiências antes.

Para todas as vítimas do trauma, entretanto, uma característica peculiar é a sensação da perda de controle. Todos nós, desde os primeiros anos da infância, precisamos sentir que temos domínio sobre nós mesmos e nossa vida. Uma criança constrói uma torre com blocos, e a reconstrói quando ela cai. Também brinca de esconde-esconde e de pega-pega. Isso lhe garante que o que se escondeu voltará a aparecer. E, quando essas coisas funcionam, a criança sente prazer não apenas física, mas, também, fisiologicamente. Tudo isso estimula o desenvolvimento da sensação de estabilidade.

Às vezes, no entanto, o trauma e a repressão que o acompanham interferem no crescimento normal, e é aqui que os desesperançados e autodestrutivos ciclos repetitivos podem ter início. Quando há repressão, castigo, rejeição, manipulação e censura constantes, o crescimento de uma criança pode ser prejudicado. Se ela expressa sentimentos ou crenças de que está em desacordo com as interdições parentais, e o preço a ser pago é a desaprovação, a rejeição, a culpa e a ameaça de abandono, pode ficar traumatizada. A culpa é elemento integrante da imagem que fazemos de nós mesmos. Isso pode se tornar um padrão repetitivo de supressão e inibição da assertividade do indivíduo por toda a vida, com o intuito de agradar os outros.

Outro extremo também é possível. Em vez de suprimir e inibir a própria assertividade, a criança pode reagir de maneiras completamente diferentes. A rebeldia teimosa e a resistência a pais severos e punitivos podem resultar numa intensa batalha de vontades, destinada a provar que o indivíduo não vai ser morto por aqueles pais. A autoridade deve ser desafiada a todo momento, não importando as consequências. "Bata em mim se quiser, mas não vou lhe dar o prazer de me ver chorar." Também a criança pode desafiar outras pessoas de fora, enquanto se comporta bem em casa; um anjo na presença dos pais e um demônio com as professoras na escola, além de uma tirana no playground com outras crianças. De todas as formas, ela se sente inadequada e perseguida pela culpa e recriminação. Finalmente, a criança se transforma no adulto que desafia o cônjuge ou o chefe, transferindo a raiva para outros, que são percebidos como aqueles que o tratam injustamente.

O conflito básico tem por fundamento o medo da rejeição, a perda de amor e, por fim, o medo da aniquilação. No fim, é vivenciado como uma questão de vida ou morte, para sobreviver ou ser destruído.

A resposta para esses indivíduos traumatizados, até aqueles autodestrutivos, está na necessidade perpétua de dominar o trauma, de recuperar o controle. "Serei capaz de fazer com que meu pai agressivo me ame e seja bom comigo." "Serei capaz de fazer com que meu pai alcoólatra pare de consumir álcool." "Eu posso, e devo, salvá-los e me salvar. Posso fazer com que me amem, quando nunca me amaram." "Não posso falhar — ou serei um fracassado."

Há, no entanto, uma variação desse tema. Quando a raiva de um pai decepcionante é intensa, quando alguém sente que não há meios de mudar o pai agressor, o objetivo pode se tornar o da rebeldia — procrastinação, abstenção, desordem, incapacidade de cumprir promessas, abuso de substâncias. Tudo isso representa modalidades passivo-agressivas. A independência torna-se equivalente ao negativismo inflexível e à rebeldia.

Há indivíduos traumatizados que para ter a sensação do controle, buscam a fuga para um mundo de fantasias que satisfaça seus desejos. O dependente de sexo passa horas vendo pornografia, fantasiando uma parceira como aquelas do filme, que fará tudo para satisfazê-lo. Outros usam a fantasia para se vingar, obtendo prazer e deliciando-se com fantasias sadomasoquistas repetitivas. Ali, sentem que podem dar vazão à raiva contra aqueles que o insultaram ou o trataram injustamente — coisa que não podem fazer no mundo real.

Outros evitam a fantasia, mas tentam, obstinadamente, corrigir os erros, apesar de não terem consciência desses erros. Tentam, como fez Helen, ganhar amigos de modo inadequado e autodestrutivo, ou tentam, como fez Sarah, obter as coisas de graça — roubando em lojas —, para compensar o sentimento de terem sido enganados. Eles podem buscar situações de conflito e enfrentamento, como fez Jack, que acabou perdendo tudo, ou podem evitar tais situações, como foi o caso de Max, na campanha para salvar o planeta.

O medo supremo da perda de controle é o aniquilamento ou a morte. De um modo ou de outro, muito do que fazemos está voltado para provar que somos capazes de levar a melhor sobre o inevitável, uma tarefa que está além do controle e da razão. O homem não aceita facilmente a própria mortalidade, e muitas de suas compulsões e sublimes esforços têm por objetivo driblar a morte.

E, aqui, a esperança de ser capaz de impor-se e superar as adversidades — até desafiando a morte — é admirável, desde que exista uma base realista. O desafio de escalar o monte Everest é aceitável, se o indivíduo estiver em boas condições físicas e escalar acompanhado de um guia experiente. A necessidade de se tornar um especialista em determinado campo é admirável, se a pessoa a ajustar a objetivos realistas. Contudo, esses não são os indivíduos que menciono aqui. Aqueles que chegam ao limite sem considerar os perigos terminam como exemplos de autossabotagem. A sensação de onipotência e grandiosidade, por si só, não sustenta o indivíduo. E, assim, essas pessoas tentam, repetidamente, provar que podem vencer as dificuldades.

Porque o espectro da morte é imutável, a maneira de lidar com isso é significativa. A maneira de encarar nossa mortalidade é um fator determinante no nosso modo de viver a vida. Já foi mencionado que um homem não consegue conceber a própria morte. Essa é nossa maneira de nos defender contra o que sabemos que está lá nos esperando, nossa mortalidade, nosso derradeiro fim. Então, para provar nossa imortalidade, lutamos, nos defendemos, repetimos nossas fraquezas.

Como esses conflitos são resolvidos? A resposta é: com dificuldade. Está óbvio, a essa altura, que sintonizar-se com memórias e sentimentos dolorosos, reprimidos há muito tempo, gera medo e ansiedade do que virá à tona e o efeito disso. Depois de muitos anos protegendo-nos de nossos sentimentos, é assustador vivenciá-los; é como se o indivíduo ficasse desamparado pelo mundo.

"O que será de mim se eu deixar meus sentimentos aflorarem? Sei que tenho me sentido deprimido, mas não ficarei ainda mais deprimido se tiver acesso a esses sentimentos?"

Aí está o obstáculo. Vivemos com nossa capa de proteção e nos deixamos levar pelos movimentos da vida. Conseguimos empregos, fazemos nosso trabalho, nos casamos e temos filhos. Por que incitar a fera que está escondida? Por que não a evitar e abandonar tudo? Divorciar-se, largar o emprego, abandonar as crianças e justificar tudo isso como má oportunidade, um chefe estúpido, uma esposa traiçoeira, crianças ingratas. É mais fácil seguir em frente, apesar das consequências reais, que mergulhar na causa das tensões, frustrações e decepções.

Quanto mais o indivíduo representa, menos provável é que ele se observe. Então, nos defendemos reprimindo as memórias e os sentimentos que as acompanham. Desse modo, acreditamos que os esquecemos. Entretanto, não conseguimos, pois tais sentimentos deflagram raiva e desejos de vingança, ou depressão e pensamentos distorcidos. Será que esses sentimentos se vão com tanta facilidade? É lógico que não. Eles são visitados, sem que percebamos, em nossas relações com o chefe, o cônjuge e os filhos. Tornamo-nos o agressor, o brigão. Encontramos uma forma de nos vingar, vitimizando os outros, ou provando que quem nos atormentava é que estava certo.

"Você nunca vai chegar a lugar nenhum" significa: "Não poderei chegar a lugar nenhum, e ser um fracassado é a minha sina."

É mais fácil agir, perpetuar o comportamento de autossabotagem do que enfrentar as decepções do passado. É mais fácil viver a vida como um robô que como um ser humano sensível e, possivelmente, deprimido. É mais fácil fracassar ou retrair-se que sentir dor.

Há aqueles que evitam esse tipo de dor e discernimento, apressando-se em culpar-se. "Sei que é tudo culpa minha, sei que sou o responsável, agora me deixem sozinho." Sob o pretexto da aceitação da culpa, eles se libertam da necessidade de enfrentar aquilo que os atormenta.

O resultado é que o indivíduo desenvolve uma personalidade "Se eu".

Se eu for bem-sucedido, será um equívoco.

Se eu for promovido, será porque enganei meu chefe.

Se meu casamento estiver bem agora, não será por muito tempo. Estou esperando pelo fatídico fim, esperando que eles, enfim, percebam o que se passa comigo. Sou um embuste, um impostor, um vira-casaca.

O dilema é que, se eu for bem-sucedido, meus pais ficarão orgulhosos de mim, e não quero que eles tenham essa satisfação. No entanto, se eu fracassar, provarei que eles estavam certos. Então, fico numa situação difícil. Perco das duas formas — isto é, se meu objetivo é vingar-me de meus pais, eu não existo mais. Sou apenas um robô reagindo aos comandos programados de meus pais frustradores, para provar que estão certos ou errados, para agradá-los ou desapontá-los. Essa situação de desmembramento torna-se internalizada de tal forma que a pessoa passa a ser inautêntica. O indivíduo desenvolve uma fachada, um "falso eu",[2] uma máscara para apresentar o próprio "eu" como se fosse outra pessoa, diferente do que realmente é. "Não sou aceitável do jeito que sou, então tenho de agir como se fosse alguém que acho que deveria ser."

Esse indivíduo pode apresentar-se como forte ou fraco, glorioso ou ordinário, sofisticado ou simples, inteligente ou idiota, a fim de desempenhar um papel, uma imagem do que julga ser aceitável. Ele é educado e solícito — ou o contrário. Trata-se de um comportamento autodestrutivo, porque a pessoa tem que viver como uma persona, em que o "eu" não está integrado e é real.

A sensação de aceitar-se está ausente, e isso aparece na maneira de a pessoa se relacionar com os outros. Ninguém realmente sabe quem a pessoa é, inclusive ela mesma. Tal indivíduo fica dividido, não podendo se arriscar e permitir que defesas esmoreçam. Acessar sentimentos significa admitir pessoas, confiar — e assumir o risco de ser magoado novamente. Em tais casos, a compulsão é evitar, esquivar-se e abandonar as relações que exigem proximidade. Pode significar divorciar-se de uma esposa que necessita de mais intimidade; pode significar perder amigos; pode significar perder a amizade de um filho. Para esses indivíduos, é preferível ficar sozinho, ou mesmo solitário, a ter que baixar a guarda. No entanto, isso não é algo consciente. É uma compulsão à repetição, é repetir uma fuga de mágoas ou prejuízos potenciais.

Então, voltemos — a consciência e o insight do próprio comportamento de autossabotagem e a origem de tal comportamento são os primeiros passos. Contudo, encarar os resultados desse comportamento de autossabotagem também é essencial, assim como a compreensão de si como um ser condenado à repetição. O insight não é apenas o reconhecimento de que sintomas incômodos estão causando problemas, mas de que tais sintomas têm uma causa. Nada acontece por acaso e há significado para os sintomas. Eles não podem mais ser desprezados como uma aberração acidental ou uma idiossincrasia temporária. Há razões para esses sintomas e suas ocorrências. Eles não acontecem repetidamente, sem alguma razão. E apenas alguém corajoso ousa encarar isso tudo.

Vivemos numa sociedade que tende a julgar e a criticar. Definimos pensamentos e comportamentos segundo o que os especialistas em lógica chamam de "a lei do meio excluído". O pensamento e o comportamento são taxados de bons ou maus, certos ou errados, pretos ou brancos. Esse tipo de raciocínio é a antítese da procura do significado. Despreza o fato de que pode haver uma explicação para pensamentos e comportamentos que não seja provida de julgamento nem de críticas.

Não há pecadores na terapia. Ela pode ser uma experiência bastante tranquila e libertadora.

Depois do reconhecimento e da conscientização, vem o trabalho de consternação[3] — porque injustiças foram cometidas, porque não havia alguém para ouvir quando o indivíduo precisava ser ouvido, pela perda de oportunidades de crescimento e mudanças que já se foram. A consternação e o despojamento são difíceis. São realmente difíceis. Contudo, a consternação é essencial para solucionar padrões de autossabotagem. E muitos indivíduos presos em uma compulsão à repetição são incapazes de se consternar. Para seguir adiante, porém, o indivíduo tem que se consternar, porque a consternação significa reconhecimento — a admissão — dos relacionamentos perdidos e sabotados; admitir o próprio comportamento autodestrutivo; admitir o que poderia ter sido, mas nunca foi; vivenciar a mágoa e a dor da decepção, da desconsideração, e o medo da perda à custa da própria felicidade; aceitar as injustiças do passado, as privações, os desapontamentos e as omissões; desistir de lutar por vingança, por justiça; enxergar o crescimento como libertação da dor — encarando isso não como um fracasso, mas como um movimento em direção ao futuro. Significa deixar para trás a bagagem do passado.

No entanto, o passado não deve ser negado. Deve ser encarado como parte da experiência de vida do indivíduo. O domínio do passado permite que o indivíduo se mova em direção ao futuro. Significa perceber que não podemos esperar que o cônjuge, o chefe, o filho compensem-nos na vida adulta por aquilo que não recebemos na infância.

Não significa lastimar-se ou desanimar-se e, menos ainda, se martirizar. Significa compreender e admitir o fato de que nossa maneira de viver a vida não se deve a um acidente ou a uma casualidade. Talvez tenhamos que conviver com arrependimentos. Teremos que conviver com arrependimentos. Entretanto, é importante encarar os arrependimentos como uma oportunidade de seguir em frente sem essa bagagem do passado.

Alcançar a compreensão do que estamos fazendo, do que estivemos fazendo por tanto tempo, estabelecer as conexões com nossos sentimentos e encará-los não é algo fácil ou rápido. Pode ser devastador perceber que passamos a vida inteira desse modo.

O que mais contribui para a solução dos ciclos repetitivos de autossabotagem? Enquanto negarmos nossa participação nos problemas e não admitirmos francamente nossa contribuição, o ciclo vai continuar. A tendência de negar e não reconhecer nossa responsabilidade, de rejeitá-la, é muito difundida, e por que não? É difícil encarar que somos nós que procuramos a agressão, que boicotamos nossos relacionamentos, que somos os responsáveis pelas dificuldades que continuamos enfrentando com chefes, cônjuges e filhos. Esse "pertencimento" significa assumir a responsabilidade pela situação em que estamos.

Com bastante frequência, sabemos o que nos espera quando nos casamos com determinada pessoa. Lá no fundo, pode haver dúvidas e incertezas. Nós as deixamos de lado e prosseguimos com o casamento. Somente depois vamos perceber que nossas dúvidas eram bem fundamentadas. Temos que aceitar a responsabilidade por aquela decisão.

Sabemos que ter filhos mudará nosso estilo de vida e restringirá nossa liberdade, mas mantivemos a escolha de tê-los. E, algumas vezes, nós os culpamos por não conseguirmos fazer o que queremos. A criança não pediu para nascer. Foram os pais que a quiseram. Isso significa, portanto, assumir responsabilidades e reconhecer a disposição de a admitir até o fim.

Todas essas "presunções de responsabilidade" significam enfrentar a tristeza, revelando dores, insultos e injustiças.

De modo similar, por que uma pessoa continuaria a se identificar e tentar agradar pais e amigos que apenas abusam dela para alcançar os próprios objetivos? Por que os pais infligiriam aos filhos os problemas não resolvidos que têm? O fato de meus pais terem agido e me tratado de certa maneira não me autoriza a fazer o mesmo com as pessoas que estão, nesse momento, em minha vida.

A dificuldade de Cy de se comprometer com o tratamento e se responsabilizar por não ter comparecido a algumas sessões, e a inabilidade de Jack para aceitar que cometia erros nos negócios são indícios de problemas com o próprio comportamento.

E, no casamento, assumir uma conduta significa admitir sua parte no contrato não escrito. "Casei-me acreditando que meu cônjuge poderia e seria capaz de satisfazer minhas necessidades, me completar. Mas essa era a minha expectativa, e eu achei que ela seria atendida nesse casamento." Carlo acreditava que seus esforços para retornar à escola e melhorar de posição seriam complementados por Mary. Por sua vez, Mary esperava que Carlo estivesse em casa toda noite e que se envolvesse com a família. Essas expectativas não foram atendidas. Carlo teve que reconhecer que rompeu o contrato. Antes ele trabalhava como carpinteiro, com horário regular, voltando para casa cedo toda noite para passar um tempo com a esposa e os filhos. Quando decidiu continuar com os estudos, havia um preço a ser pago, apesar de Mary ter concordado com a decisão. Carlo escolheu casar-se com Mary e vice-versa.

Sim, os parceiros podem mudar no casamento; podem e, de fato, crescem em direções diferentes. Um dos dois pode querer manter as coisas como estão, enquanto o outro pode querer seguir em frente. No entanto, eles serão obrigados a reconhecer que não podem culpar o parceiro por tudo. A vingança por mágoas ou decepções é uma negação da responsabilidade de ter-se metido numa relação que está cheia de problemas e de se manter nelas. Às vezes, a tendência é acumular injustiças, remoer pensamentos de vingança, conviver com eles e usá-los como parte de uma luta de poder, para manter-se na posição dominante e deixar o outro na posição de subserviência. Isto é o oposto de agir responsavelmente, tomando por base o reconhecimento de que o indivíduo tem alternativas e escolhas, fazer com os outros o que fizeram com ele perpetua os problemas. Eles podem manter a relação e tentar seguir em frente, ou podem pôr fim ao relacionamento. Qualquer que seja a escolha, é com ela que terão que conviver.

Então, como podemos interromper as repetições? Não adianta forçar uma mudança no nosso comportamento manifesto. Não adianta oferecer explicações intelectuais para nosso comportamento. Ouvir que deveríamos tentar novas abordagens, terminar o relacionamento, parar de nos relacionar com os outros desse modo ou nos divorciar não soluciona o problema. O essencial para a mudança é o engajamento e o comprometimento com uma relação terapêutica, com um terapeuta de servir de pai castrador, de se tornar o receptor de velhas distorções e sentimentos de raiva, de aceitar as explosões hostis que foram reprimidas, de encorajar a emergência de memórias esquecidas há muito tempo e suas respectivas emoções. Significa relacionar-se com alguém que está tentando reviver com você o que você sentiu e vivenciou, ao mesmo tempo em que mostra como você procurou se vingar quando se sentiu magoado, como se isolou quando queria proximidade, como se utilizou de um comportamento repetitivo e autodestrutivo. Fazer terapia significa trabalhar com alguém que é capaz de enfatizar e elucidar a natureza e o significado de suas ações; desenvolver uma relação em que é possível falar e sentir sem medo de reprimendas ou críticas; envolver-se em uma relação autêntica, na qual não há necessidade de desempenhar papéis ou ser quem não é.

Não significa que o analista está sempre certo em suas interpretações e, sim, que ele está tentando entrar em sintonia com o analisado. Não significa que o analista acaba com frustrações ou que todos os equívocos do passado são corrigidos e, sim, que o terapeuta está ali para tentar ajudar a romper o ciclo, permitir que a consternação ocorra, oferecer uma relação suficientemente segura a fim de que o indivíduo se arrisque a remover as barreiras de proteção que o impediram de experimentar aquelas memórias assustadoras há muito reprimidas.

Significa ser capaz de aceitar-se como um ser humano real, com direitos e obrigações, virtudes e fragilidades. Significa que o indivíduo deve aceitar que não precisa mais perseguir grandes objetivos, nem se enaltecer a todo momento. Significa, também, não se ver como impotente nem como a vítima oprimida. Significa aceitar a mortalidade e suas limitações.

Certamente, não significa que todos os problemas estão resolvidos para sempre, mas estar ciente do seu papel como sabotador da sua vida, e resolver isso; ser capaz de fazer escolhas e defendê-las; reconhecer que elas podem não funcionar como havíamos planejado.

Para o analista, significa estar ali, no processo, constante, coerente e objetivamente e encorajar o processo de crescimento e florescimento, sedimentando o caminho para a sensibilidade e a responsabilidade.

A terapia psicanalítica intensiva é a abordagem atualmente disponível para lidar com a autossabotagem. Isso exige um compromisso a longo prazo e sessões frequentes, que são essenciais para chegar às questões principais, trabalhar com as defesas bastante arraigadas e elaborá-las. Esse tipo de trabalho intensivo não é popular hoje em dia por muitas razões, conforme assinalado anteriormente. Entretanto, é um passo em direção ao tipo de exame de consciência necessário para romper tais ciclos e ajudar o indivíduo a se tornar, novamente, dotado de livre-arbítrio. É um passo necessário para aprender que a vida é cheia de escolhas, e que nossas escolhas não precisam estar baseadas na repetição eterna dos mesmos equívocos.

Há formas alternativas para ajudar os indivíduos a quebrar esses vínculos repetitivos? Há muitas, e algumas delas funcionam bem, tanto de maneira independente quanto em conjunto com a terapia. Lembro-me de uma imagem visual que tive há vários anos:

Vamos supor que, certa manhã, uma carta esteja na sua porta. No meio de contas e correspondências, essa carta se destaca. A caligrafia é, de algum modo, familiar, embora você não saiba onde a viu antes. Está em um envelope bonito e espesso. Você a leva para a mesa e a deixa lá. Não abre.

Na manhã seguinte, chega um envelope parecido. Mais uma vez, você deixa em cima da mesa. Mais uma vez, ele permanece fechado.

Os dias vão e vêm. A cada manhã, chega uma carta e você nunca as abre. Uma história improvável, não é? No entanto, é o que acontece com muitos de nós, porque as cartas são nossos sonhos, uma importante mensagem para nós mesmos. Em nosso interior há um sonhador, um poeta, uma criança. E, noite após noite, essa criança travessa nos conta uma história. Ela pega acontecimentos esquisitos do dia e os mistura com as situações mais estranhas de muito tempo atrás.

Uma mulher teve um bebê; ele tem apenas duas semanas de vida, mas já pode andar. Em vez de se surpreender, os espectadores estão reclamando, porque é muito mais divertido ver um bebê engatinhar.

Do que se trata isso? Somente você, o sonhador, sabe, porque o sonho é seu. Você o sonhou. Por quê? Quem é a mãe? Quem é o bebê? E por que essa criança encantadora e cativante está andando — e por que os adultos estão reclamando?

Ora, talvez os leitores possam oferecer uma interpretação para esse sonho. Talvez os analistas possam elaborar uma análise do sonho. Contudo, apenas o sonhador pode realmente dizer, às vezes com alguma ajuda e estímulo, do que se trata.

Os sonhos nos contam o que sabemos, e, vez ou outra, o que não queremos saber. Os sonhos nos contam o que está acontecendo internamente. Eles são trampolins para a criatividade. São cartas importantes que enviamos paras nós mesmos. Os sonhos podem nos contar muito sobre como estamos vivendo nossa vida, em que ponto estamos presos, sobre o que estamos nos enganando. Os sonhos ressuscitam pessoas do nosso passado. Por quê? O que elas significam hoje? O sonhador atento pode ficar à vontade para encontrar o caminho e livrar-se de coisas que o estão atormentando.

Um prédio abandonado está pegando fogo. Os bombeiros chegam, mas nenhum deles tem dentes. O sonhador está na escada, subindo para apagar o fogo, mas a mangueira não chega até lá...

O que é o fogo? Por que os bombeiros não têm dentes? O que isso significa? Por que a mangueira não chega até lá? Incêndios, geralmente, são símbolo de uma emoção extremada — medo, raiva, alguma coisa intensa. O que diz o fogo a esse sonhador em particular?

Se um sonho se repete de alguma forma, noite após noite, se aquela carta conta a mesma história toda manhã, então aquele sonho é especialmente importante e deve ser considerado pelo sonhador. Por que há um incêndio noite após noite? Há raiva durante o dia? E a quem se dirige essa raiva? Um sonhador sensato saberá avaliar tais coisas. É um passo relativamente simples para se ligar ao que está acontecendo em seu íntimo.

É uma boa ideia anotar os sonhos, se for possível. Não estou dizendo para acordar no meio da noite com uma lanterna etc. Entretanto, ao despertar, quando se lembrar do sonho, pode ser bastante útil tomar nota do que foi sonhado. Use o presente do indicativo. Às vezes, ao ler o sonho, uma frase salta aos olhos — alguma entre as que você escreveu. Em que ela o faz pensar? Qual é a sensação que você tem no sonho? Você se sentiu assustado, feliz, sozinho? Conecte-se ao sonho. "O que o bebê está me dizendo? Por que sonhei com um bebê? Qual é a minha ligação com tudo isso?" Lembre-se, o sonho é seu. Você o elaborou e as pessoas nele representam uma parte de você. É uma importante carta para si mesmo.

Além de ler essas cartas de sonhos, há outras coisas que os indivíduos podem fazer para ter um insight e encontrar solução para algumas de suas situações repetitivas. Já foi mencionado que, durante uma sessão de terapia, todas as reflexões, movimentos sinuosos com a cabeça e pensamentos imprevisíveis têm um significado. Na vida íntima e silenciosa do indivíduo, esses mesmos pensamentos transitórios também podem ter um significado. Todos os pensamentos têm um significado, somente necessitam de análise.

Na vida real, você vê um velho amigo cruzando a rua, indo na sua direção. Até agora, ele ainda não o viu. Faz um tempo que você não o vê, então, deveria estar feliz por encontrá-lo. Entretanto, você muda de direção. Você não está com vontade de conversar com ele naquele momento. Por quê? Qual é a dinâmica de funcionamento aqui? Você realmente tem algum problema de tempo — talvez uma reunião urgente — e não pode se atrasar, ou é outra coisa? Por que você mudou de caminho? Você pode racionalizar — "simplesmente não estou com vontade". Contudo, depois, talvez em algum momento solitário, poderá voltar a atenção para esse assunto. O que estava errado? O que você estava sentindo? Estava com medo? Aborrecido? Essa pessoa representa uma parte de sua vida que você gostaria de esquecer? Por quê?

Você percebe que, ultimamente, quando entra no carro, começa a ficar ansioso, inquieto. Você não se envolveu em nenhum acidente automobilístico, não conhece ninguém que tenha passado por isso. A cada cruzamento, porém, você fica mais ansioso, dirige mais devagar e com mais cautela. Por que está com medo? O que o faz se sentir tenso e ansioso? O medo de acidentes é indício de outra coisa? Será que está com medo, talvez, de que alguma coisa tome forma, algo que não tenha a ver com dirigir? Você está se sentindo excessivamente fragilizado nesses últimos dias? Por quê? O que está assomando-se no seu inconsciente?

Pode ser até que as coisas não sejam tão inquietantes assim. Pode ser que tudo esteja indo tão bem na sua vida que, por isso mesmo, você acredite que vai mudar, vai ficar ruim. As coisas não podem ser tão boas assim para mim. Isso lhe mostra algo importante.

Talvez, por nenhuma razão aparente, você esteja se sentindo triste ultimamente, meio angustiado. Mesmo com a chegada da época de sol (ou de um feriado, ou das férias), o mundo parece sombrio e desolado. Levantar da cama toda manhã é uma tarefa difícil. Você se olha no espelho e até parece triste, cansado, os olhos estão avermelhados. Por quê? Não há motivo. "Sim, sinto saudade da minha mãe, mas ela está morta há anos. Quando foi que ela morreu? Ah, sim, faz três anos nesta semana. É por isso que estou me sentindo desse jeito. Uma data rememorativa. Sim, mas por que triste? Nem gostava tanto dela assim! É isso? Talvez não esteja me sentindo triste, mas irritado? E, por isso, culpado?"

Essas coisas são difíceis de admitir, mas elas abrem portas. E, geralmente, a tristeza aparece. No mínimo, a pessoa consegue descobrir por que está se sentindo daquela maneira. Isso, por si só, já é libertador, especialmente no caso de se tratar de um ciclo repetitivo.

Além de sintonizar-se com sua vida interior, formada por pensamentos e emoções fugazes, pode ser de grande utilidade começar a prestar atenção ao modo de as pessoas reagirem à sua presença. Elas agem cuidadosamente ao seu redor? Você inspira medo, ou elas ficam calorosas e despreocupadas em sua presença? Seus filhos são muito cautelosos com você? E quanto às pessoas com as quais você eventualmente entra em contato? Esses encontros podem, às vezes, ser ainda mais reveladores que aqueles que acontecem no seio familiar. Você acha os lojistas amigáveis e receptivos? As pessoas sorriem para você, o cumprimentam calorosamente quando você entra no mesmo estabelecimento toda manhã para tomar café, ou lhe respondem com reservas? E quanto às suas respostas aos outros? Você faz amizade em todo lugar, até mesmo no mais desprezível quiosque de aeroporto? Os indivíduos lhe correspondem, ou ficam tímidos? Qual é a mensagem que você está enviando?

Pode ser de grande valia gastar alguns minutos do seu dia fazendo um exame minucioso de sua saúde mental. Arrume um tempo e sente-se calmamente, de preferência quando não houver ninguém à sua volta, em uma sala, sozinho. Pense nos acontecimentos do dia — ou não. Tente ficar quieto e ver o que aparece. Às vezes as ideias brotam, as conexões se estabelecem. Pode ser um momento bastante criativo, se você não programar alguma coisa. E se, dia após dia, os mesmos pensamentos e acontecimentos brotarem, é possível que sejam exatamente os sintomas recorrentes de um ciclo repetitivo na sua vida. Pode ser que você esteja começando a lidar com essas repetições.

Outra coisa bastante útil que você pode fazer é manter uma espécie de balanço do que está acontecendo em sua vida íntima, fazendo anotações. Aqui, não me refiro a um diário propriamente. Ao contrário, você pode usar um bloco de notas. Seja ousado, solte sua imaginação. Crie poesia. Escreva sobre o chefe medonho, o cônjuge ridículo, os filhos malvados. (Ninguém nunca, nunca, nunca deverá ter acesso a esse bloco de notas.) É lógico, você ama seus filhos, mas eles o levam à loucura. Escreva isso. Talvez as brigas com o cônjuge pareçam se repetir várias vezes — o mesmo tema. "Ele nunca me escuta; ele entende tudo o que digo de forma errada; ela me deixa de lado; sexo não existe. Ele é tão desprezível; ela é uma perdulária. Por que me casei com meu pai? Por que ele tem que beber? O que posso fazer? O que posso fazer para mim? Estou tão irritado essa manhã, não sei por que, minha vida é uma droga, estou com tanta raiva de minha mãe, o sol está brilhando, quando é que o inverno vai terminar, onde estão as meias das crianças, Danny tem futebol hoje à tarde, Paul está me dando nos nervos..."

Reler essas notas, ver o mesmo assunto e, às vezes, as mesmas palavras, dia após dia, diz-nos alguma coisa: que algo está acontecendo na nossa vida. Pode nos revelar o que está acontecendo na nossa vida íntima. Além disso, esse bloco pode ajudar a eliminar os dados insignificantes. Por mais estranho que pareça, escrever sobre essas coisas ajuda a pessoa a prosseguir, deixando isso para trás. Os dados insignificantes podem ser desprezados. (Quem se importa com as meias?) O elemento principal brota, exigindo reconhecimento e conscientização. Pode ser uma experiência extremamente libertadora. E, se alguém se sentir inclinado a optar pela terapia, há uma quantidade suficiente de informações já extraídas de seu inconsciente que o ajudarão a progredir mais rapidamente nas sessões de psicoterapia.

Além de escrever sobre isso, ler também pode ajudar. Há uma grande variedade de livros de autoajuda no mercado que realmente oferecem algum insight sobre o que está acontecendo internamente, e sugestões de como obter ajuda. Alguns desses livros são muito bons; outros, obviamente, nem tanto. Vá a uma livraria e folheie alguns. Muitos deles propõem soluções simplistas que não nos ajudam. Contudo, alguns podem oferecer pelo menos algumas reflexões sobre como mudar de vida, como observar os ciclos.

A essa altura, é lógico, você já sabe que é preciso muito mais que conscientização para mudar esses padrões repetitivos. No entanto, às vezes, a conscientização adquirida pela leitura pode ajudar a pessoa a dar o próximo passo. Às vezes, ela não está ciente do que está fazendo, como foi sinalizado aqui. No entanto, ler, apenas ler este simples livro que está em suas mãos, pode levar você a considerar os hábitos repetitivos da própria vida e começar a fazer as mudanças necessárias.

Depois de ler e pensar sobre tudo isso, imagine que você decidiu começar seu processo de psicoterapia. Será necessariamente demorado, doloroso e caro? Talvez sim, talvez não. Algumas repetições podem ser trabalhadas em um período de tempo muito menor, especialmente se a pessoa já estiver pronta para o processo de exame de consciência. Então, como é que se encontra e se escolhe um terapeuta? Esse não é o assunto deste livro, mas há muitos sites na internet, com listagens de profissionais do ramo que são credenciados e diplomados, que têm as qualificações e o treinamento necessários nessa área. A melhor maneira é, sem dúvida, por indicação de algum colega ou do médico da família, ou, então, procurar algumas informações por conta própria. Informe-se sobre esse profissional. Entreviste-o. Compareça à uma primeira consulta e veja se se sente bem, confortável, se há alguma química entre vocês. Como em outros aspectos da vida, temos uma boa impressão de algumas pessoas e de outras, não. O mesmo é válido na escolha de um terapeuta. Considere se você se sentiria mais confortável trabalhando com um homem ou uma mulher. Contudo, seja cuidadoso: às vezes, você pode querer trabalhar com uma mulher porque não gosta de homens. Talvez fosse uma boa ideia, então, considerar trabalhar esses problemas com um terapeuta. E, óbvio, isso também é válido para o caso inverso.

Outra coisa prática a ser considerada é o preço. Descubra se o profissional está no seu plano de saúde. Não faz sentido começar a terapia, sentir-se confortável e depois descobrir que você não pode continuar porque as visitas não estão cobertas pelo plano. (Tenha em mente, porém, que a maior parte dos planos de saúde impõe limitações à duração e à frequência do tratamento.)

Todas essas são simples maneiras de começar, talvez até as maneiras necessárias. No entanto, se você está realmente determinado a romper o ciclo de repetição, deve começar. Sintonize-se com sua vida interior. Sintonize-se com o mundo exterior. Considere as ocasiões em que você se viu na mesma situação difícil, repetidas vezes.

É assustador começar? Sim. É necessário para romper o ciclo? É.

Significa, apesar de tudo o que foi mencionado, fazer terapia, começar uma viagem com um profissional "qualquer" que está habilitado a ajudar, sinalizar e esclarecer o significado de suas ações. Significa desenvolver uma relação na qual você pode expressar o que realmente sente, dizer o que realmente quer dizer, sem medo, sem julgamentos. Significa envolver-se em uma relação autêntica, na qual você não tem que desempenhar papéis ou ser alguém que não é.

Não há pecadores na terapia.

E a viagem sempre vale a pena. Ela pode mudar vidas, e muda. E a viagem, em si, pode até ser musical.

REFERÊNCIAS

Introdução

1. Freud, S. (1955). "Beyond the pleasure principle". *In* J. Strachey (ed. e trans.), *Standard Edition of the Complete Works of Sigmund Freud*. Vol. XVIII, p. 7-64. (Londres: Hogarth Press.) (Original 1920).

Capítulo 1: Repetição de comportamentos de identificação primária: conformidade versus autonomia

1. Rosner, S. (1974). *The Marriage Gap*. (Nova York: David McKay Co., Inc.)

Capítulo 2: Repetição no casamento: contratos não escritos e comportamentos complementares

1. Freud, S. (1958). "Further recommendations on technique". *In* J. Strachey (ed. e trans.), *Standard Edition of the Complete Works of Sigmund Freud*. Vol. XII, p. 148. (Londres: Hogarth Press.) (Original 1914).

Capítulo 3: Repetição de comportamentos na criação dos filhos

1. Rosner, S.; Smolen, E. M. (1963). "Observations on the use of a single therapist in child guidance clinics." *Journal of the American Academy Child Psychiatry*, 2(2): 345-356.

2. Johnson, A. M. (1949). "Sanctions for superego lacunae of adolescents". *In* K. Eissler (ed.), *Searchlights on Delinquency*. (Nova York: International Universities Press.)
3. Lewis, J. M.; Wallerstein, J. S. (2004). "The unexpected legacy of divorce: Report of a 25-year study". *Psychoanalytic Psychology*, 21(3): 353-370.

Capítulo 4: Repetição de comportamentos punitivos: salvamento e penitência

1. Friday, N. (1977). *My Mother Myself*. (Nova York: Dell Publishing.)

Capítulo 5: Repetição de comportamentos no trabalho

1. Freud, S. (1953). "The interpretation of dreams". *In* Strachey (ed. e trans.), *Standard Edition of the Complete Works of Sigmund Freud*. Vols. IV e V. (Londres: Hogarth Press.) (Original 1900-1901).

Capítulo 6: Repetição de comportamentos nos vícios

1. Freud, S. (1964). "Analysis terminable and interminable". *In* J. Strachey (ed. e trans.), *Standard Edition of the Complete Works of Sigmund Freud*. Vol. XXIII, p. 209-253. (Londres: Hogarth Press.) (Original 1937).
2. Donovan, P. (19 out. 2000). *University of Buffalo Reporter*, Dopamine, addiction linked. 22(9).
3. Mingote, S.; Salamone, J. D.; Weber, S. M. (21 jan. 2003). "Nucleus accumbens dopamine and the regulation of effort in food-seeking behavior: Implications for studies of natural motivation, psychiatry, and drug abuse." *Journal of Pharmacology and Experimental Therapeutics*, 305(1): 1-8.
4. Carnes, P. (1992). *Don't Call it Love: Recovery from Sexual Addiction*. (Nova York: Bantam Books.)

Capítulo 7: A compulsão à repetição

1. Rosner, S. (2000). "On the place of involuntary restructuring in change". *Psychotherapy*, 37(2): 124-133.

Capítulo 8: Como reconhecer e solucionar as repetições de comportamentos de autossabotagem

1. Bonanno, G. A. (jan. 2004). "Loss, trauma, and human silence." *American Psychologist*, 59(1): 20-28.

2. Winnicott, D. W. (1958). *Collected Papers: Through Pediatrics to Psychoanalysis*. (Londres: Tavistock Publications.)

3. Shabad, P. (1993). "Repetition and incomplete mourning: The intergenerational transmission of traumatic themes". *Psychoanalytic Psychology*, 10(1): 61-175.

BIBLIOGRAFIA

Carnes, P. (1992). *Don't Call it Love: Recovery from Sexual Addiction.* (Nova York: Bantam Books.)

Fenichel, O. (1951). *The Collected Papers of Otto Fenichel.* (Nova York: W. W. Norton.)

Fogel, G. I. (1991). *The Work of Hans Loewald.* (Northvale, NJ: Jason Aronson, Inc.)

Freud, S. (1958). *The Standard Edition of the Complete Works of Sigmund Freud*, 24 vols., traduzido por J. Strachey. (Londres: Hogarth Press.)

Friday, N. (1977). *My Mother Myself.* (Nova York: Dell Publishing.)

Hobe, L.; Rosner, S. (1974). *The Marriage Gap.* (Nova York: David McKay.)

Javier, R. A. (2002). Resenha de *Trauma, Repetition, and Affect Regulation: The Work of Paul Russell, J. G. Teicholz e D. Kriegman* (ed.), (Nova York: Other Press), *in Psychoanalytic Psychology*, 19(2): 409-415.

Johnson, A. M. (1949). "Sanctions for superego lacunae of adolescents." *In Searchlight on Delinquency*, K. Eissler (ed.), p. 225-245. (Nova York: International Universities Press.)

Kampshaefer, G. M. (Palestrante/Moderador) (2005). Painel: "Psychoanalytic work with self-defeating and self-punitive manifest content." Apresentação Div. of Psychoanalysis (39). *American Psychological Association.*

Lewis, J. M.; Wallerstein, J. S. (2004). "The unexpected legacy of divorce: Report of a 25-year study". *Psychoanalytic Psychology*, 21(3): 353-370.

Luepnitz, D. A. (2003). *Schopenhauer's Porcupines: Intimacy and Its Dilemmas.* (Nova York: Basic Books.)

Marcus, J. "A survivor's tale", artigo de Primo Levi em Amazon.com.

Reik, T. (1941). *Masochism in Modern Man.* (Nova York: Ferrar, Straus & Co.)

Rosner, S. (2000). "On the place of involuntary restructuring in change." *Psycotherapy*, 37(2): 124-133.

Rosner, S.; Smolem, E. M. (1963). "Observations on the use of a single therapist in child guidance clinics." *Journal of American Academy of Child Psychiatry*, 2(2): 345-356.

Shabad, P. (1993). "Repetition and incomplete mourning: The intergeneration transmission of traumatic themes." *Psychoanalytic Psychology*, 10(1): 61-75.

Stern, S. (2002). "Identification, repetition, and psychological growth: An expansion of relational theory." *Psychoanalytic Psychology*, 19(4): 722-738.

Winnicott, D. W. (1958). *Collected Papers: Through Pediatrics to Psychoanalysis*. (Londres: Tavistock Publications.)

Winnicott, D. W. (1965). "Ego distortion in terms of true and false self." *In The Maturational Process and the Facilitating Environment*, pp. 140-152. (Nova York: International Universities Press.) (Trabalho originalmente publicado em 1960).

Este livro foi composto na tipografia Minion Pro,
em corpo 11/15, e impresso em
papel off-white no Sistema Cameron da
Divisão Gráfica da Distribuidora Record.